Essential
Portuguese
phrase book

PERIPLUS

First published in 2001 by Periplus Editions (HK) Ltd, with editorial offices at 153 Milk Street, Boston, Massachusetts 02109 and 5 Little Road #08-01, Singapore 536983

Copyright © 2001 Periplus Editions

All rights reserved. No part of this publication may be reproduced or utilized in any form or by any means, electronic or mechanical, including photocopying, recording, or by any information storage and retrieval system, without prior written permission from the publisher.

Library of Congress Cataloging-in-Publication Data: Cataloging in Progress

ISBN: 962-593-929-6

The publisher would like to thank Joe Machado for his editorial assistance.

Distributed by

USA
Tuttle Publishing
Distribution Center
Airport Industrial Park
364 Innovation Drive
North Clarendon, VT 05759-9436
Tel: (802) 773-8930
Tel: (800) 526-2778
Fax: (802) 773-6993
Toll free fax: (800) 329-8885

JAPAN
Tuttle Publishing
RK Building, 2nd Floor
2-13-10 Shimo-Meguro,
Meguro-Ku
Tokyo 153 0064
Tel: (03) 5437-0171
Fax: (03) 5437-0755

SOUTHEAST ASIA
Berkeley Books LTD
5 Little Road #08-01
Singapore 536983
Tel: (65) 280-1330
Fax: (65) 280-6290

First edition
07 06 05 04 03 02 01   10 9 8 7 6 5 4 3 2 1

Printed in Singapore

Contents

Introduction 5

Pronunciation table 6

1 Useful lists 7–16

1.1 Today or tomorrow? 8
1.2 Legal holidays 9
1.3 What time is it? 9
1.4 One, two, three ... 10
1.5 The weather 12
1.6 Here, there ... 13
1.7 What does that sign say? 15
1.8 Telephone alphabet 15
1.9 Personal details 16

2 Courtesies 17–22

2.1 Greetings 18
2.2 How to ask a question 19
2.3 How to reply 20
2.4 Thank you 21
2.5 Sorry 21
2.6 What do you think? 22

3 Conversation 23–31

3.1 I beg your pardon? 24
3.2 Introductions 25
3.3 Starting/ending a conversation 27
3.4 Congratulations and condolences 27
3.5 A chat about the weather 27
3.6 Hobbies 28
3.7 Being the host(ess) 28
3.8 Invitations 28
3.9 Paying a compliment 29
3.10 Intimate comments/questions 30
3.11 Arrangements 31
3.12 Saying good-bye 31

4 Eating out 32–41

4.1 On arrival 33
4.2 Ordering 34
4.3 The bill 36
4.4 Complaints 37
4.5 Paying a compliment 37
4.6 The menu 38
4.7 Alphabetical list of drinks and dishes 38

5 On the road 42–54

5.1 Asking for directions 43
5.2 Customs 44
5.3 Luggage 45
5.4 Traffic signs 46
5.5 The car 46
   The parts of a car 48–49
5.6 The gasstation 46
5.7 Breakdown and repairs 47
5.8 The bicycle/moped 51
   The parts of a bicycle 52–53
5.9 Renting a vehicle 51
5.10 Hitchhiking 54

6 Public transportation 55–62

6.1 In general 56
6.2 Questions to passengers 57

6.3	**T**ickets	58
6.4	**I**nformation	59
6.5	**A**irplanes	60
6.6	**T**rains	61
6.7	**T**axis	61

7 Overnight accommodation 63–71

7.1	**G**eneral	64
7.2	**C**amping	65
	Camping equipment	68–69
7.3	**H**otel/B&B/apartment/ holiday rental	66
7.4	**C**omplaints	70
7.5	**D**eparture	71

8 Money matters 72–74

8.1	**B**anks	73
8.2	**S**ettling the bill	74

9 Mail and telephone 75–79

9.1	**M**ail	76
9.2	**T**elephone	77

10 Shopping 80–88

10.1	**S**hopping conversations	82
10.2	**F**ood	83
10.3	**C**lothing and shoes	84
10.4	**P**hotographs and video	85
10.5	**A**t the hairdresser's	87

11 At the Tourist Information Center 89–93

11.1	**P**laces of interest	90
11.2	**G**oing out	92
11.3	**R**eserving tickets	93

12 Sports 95–97

12.1	**S**porting questions	96
12.2	**B**y the waterfront	96

13 Sickness 98–104

13.1	**C**all (get) the doctor	99
13.2	**P**atient's ailments	99
13.3	**T**he consultation	100
13.4	**M**edication and prescriptions	102
13.5	**A**t the dentist's	103

14 In trouble 105–110

14.1	**A**sking for help	106
14.2	**L**oss	107
14.3	**A**ccidents	107
14.4	**T**heft	108
14.5	**M**issing person	108
14.6	**T**he police	109

15 Word list 111–148

Basic grammar 149

Introduction

● **Welcome to the Periplus new Essential Phrase Books series, covering the most popular European languages and containing everything you'd expect from a comprehensive language series. They're concise, accessible and easy to understand, and you'll find them indispensable on your trip abroad.**

Each guide is divided into 15 themed sections and starts with a pronunciation table which gives you the phonetic spelling to all the words and phrases you'll need to know for your trip, while at the back of the book is an extensive word list and grammar guide which will help you construct basic sentences in your chosen language.

Throughout the book you'll come across colored boxes with a 👋 beside them. These are designed to help you if you can't understand what your listener is saying to you. Hand the book over to them and encourage them to point to the appropriate answer to the question you are asking.

Other colored boxes in the book—this time without the symbol—give alphabetical listings of themed words with their English translations beside them.

For extra clarity, we have put all English words and phrases in black, foreign language terms in red and their phonetic pronunciation in italic.

This phrase book covers all subjects you are likely to come across during the course of your visit, from reserving a room for the night to ordering food and drink at a restaurant and what to do if your car breaks down or you lose your traveler's checks and money. With over 2,000 commonly used words and essential phrases at your fingertips you can rest assured that you will be able to get by in all situations, so let the Essential Phrase Book become your passport to a secure and enjoyable trip!

Pronunciation table

English speakers can imitate the actual sound of the words by saying the version in italics. Correctly placed stress is essential:
Words ending in a vowel or in **m** or **s** are usually stressed on the penultimate syllable, for example:
    o rato   (*oo rah-too*)   the mouse

Words that end in a consonant other than **m** or **s** are stressed on the last syllable e.g. ***cruel*** (*croo-ell*) - cruel, and exceptions to the rule are words marked with an accent, for example, ***falência*** (bankruptcy). Emphasised nasal pronunciation is indicated by the til accent (~), for example, ***nações*** (nations).

Vowels

ã	pronounced approximately as in **sung** (*irmã*)
ão	pronounced as **ow** in **howl** (*limão*)
final **e**	barely pronounced (*onde*)
ê	as in **they** (*relê*)
es	**sh** as in **Estoril** (*shtooreel*)
final **o**	as in **loop** (*macaco*)
ô	as in **local** (*vôo*)
u	as in **rule**, and silent in **gue**, **gui**, **que** and **qui**

Consonants

ç	as in **receive**, e.g. *laço*
ch	as in **shock**, e.g. *choque*
h	always silent, e.g. *hora*
lh	as **ll** in **million**, e.g. *milhão*
nh	as **ni** in **onion**, e.g. *linha*
qu	before **e** or **i** pronounced as in **kick**, e.g. *quilo*; before **a** or **o** pronounced as in **quote**, e.g. *qualidade*
r	always trilled
-s-	before **b, d, g, l, m, n, r** and **v**, as in **leisure** e.g. *rasgo*
-s-, -s	before **c, f, p, qu, t** and when it is the last letter, with a **sh** sound as in **sugar**, e.g. *respeito*
x	initial or before a consonant as pronounced as in **sugar**, e.g. *xícara*; in **ex** pronounced as in **squeeze**, e.g. *exemplo*
z	when in final position, as in **leisure**, e.g. *conduz*, otherwise like an ordinary z

Useful lists

1.1	**T**oday or tomorrow?	8
1.2	**L**egal holidays	9
1.3	**W**hat time is it?	9
1.4	**O**ne, two, three...	10
1.5	**T**he weather	12
1.6	**H**ere, there...	13
1.7	**W**hat does that sign say?	15
1.8	**T**elephone alphabet	15
1.9	**P**ersonal details	16

Useful lists

1.1 Today or tomorrow?

What day is it today?	Que dia é hoje?
	kuh deeah eh oarje?
Today's Monday	Hoje é segunda-feira
	oarje eh segunda-fayrah
– Tuesday	Hoje é terça-feira
	oarje eh tearsah-fayrah
– Wednesday	Hoje é quarta-feira
	oarje eh cuartah-fayrah
– Thursday	Hoje é quinta-feira
	oarje eh keentah-fayrah
– Friday	Hoje é sexta-feira
	oarje eh seshtah-fayrah
– Saturday	Hoje é sábado
	oarje eh sarbadoo
– Sunday	Hoje é domingo
	oarje eh doomeengoo
in January	em Janeiro
	ey janayroo
since February	desde Fevereiro
	desduh fevverayroo
in spring	na primavera
	nuh preemaverrah
in summer	no verão
	noo verau
in autumn	no outono
	noo ohtohnoo
in winter	no inverno
	noo invairnoo
2001	dois mil e um
	doysh meel ee oom
the twentieth century	o século XX (vinte)
	oo seckooloo veent
What's the date today?	Que dia é hoje?
	kuh deeah eh oarje
Today's the 24th	Hoje é dia vinte e quatro
	oarje eh deeah veent ee cuartroo
Monday, November 5, 2001	segunda feira, cinco de Novembro de 2001
	segunda fayrah, seenkoo duh novembroo duh doysh meel ee oom
in the morning	de manhã
	duh manyair
in the afternoon	de tarde
	duh tard
in the evening	à noite
	ah noyt
at night	de noite
	duh noyt
this morning	hoje de manhã
	oarje duh manyair
this afternoon	hoje à tarde
	oarje ah tard

this evening _____		hoje à noite
		oarje ah noyt
tonight _____		esta noite
		eshta noyt
last night _____		na noite passada
		nah noyt passada
this week _____		esta semana
		eshta semarnah
next month _____		no próximo mês
		noo prossimoo mayge
last year _____		no ano passado
		noo arnoo passardoo
next... _____		no próximo...
		noo prosseemoo...
in...days/weeks/ _____ months/years		daqui a...dias/semanas/meses/anos *dakee ah...deeash/semarnash/mayzesh/ arnoosh*
...weeks ago _____		há...semanas
		ah...semarnash
day off _____		feriado
		ferriardoo

.2 Legal holidays

● **The main public holidays** in Portugal are the following:

January 1	Ano Novo (New Year's Day)
February	Carnaval (Carnival)
March/ April	Sexta-feira Santa (Good Friday)
April 25	Dia da Revolução (Day of the Revolution)
May 1	Dia do Trabalhador (Labor Day)
June 10	Dia de Portugal (Camões Day commemorating Portugal's equivalent to Shakespeare)
June 13	Santo António (Festival of St. Anthony, patron saint of Lisbon)
June 24	São João (Festival of St. John, celebrated in Oporto and the North)
August 15	Assunção da Nossa Senhora (Feast of the Assumption)
October 5	Dia da República (Republic Day)
November 1	Dia de Todos os Santos (All Saints Day)
December 1	Restauração da Independência (Restoration Day)
December 8	Imaculada Conceição (Feast of the Immaculate Conception)
December 25	Dio da Nata (Christmas Day)

Most shops, banks and government departments are closed on these days.
December 26 is not a public holiday.

.3 What time is it?

What time is it? _____		Que horas são?
		kay oarash sow?
It's nine o'clock _____		São nove horas
		sow nov oarash
– five past ten _____		São dez e cinco
		sow dez ee seenkoo

Useful lists

– a quarter past eleven	São onze e um quarto	
	sow onz ee oom cuartoo	
– twenty past twelve	É meio dia e vinte	
	eh mayoo deeah ee veent	
– half past one	É uma e meia	
	eh oomah ee mayah	
– twenty-five to three	São três menos vinte e cinco	
	sow trayge mennush veent ee seenkoo	
– a quarter to four	São quatro menos um quarto	
	sow cuartroo mennush oom cuartoo	
– ten to five	São cinco menos dez	
	sow seenkoo mennush dej/	
– twelve noon	É meio dia	
	eh mayoo deeah	
– midnight	É meia noite	
	eh mayah noyt	
half an hour	uma meia hora	
	oomah mayah orah	
What time?	A que horas?	
	ah kay orash?	
What time can I come round?	A que horas é que posso ir?	
	ah kay orash eh kuh possoo eer?	
At...	Às...	
	ush...	
After...	Depois das...	
	depoysh dush...	
Before...	Antes das...	
	antesh dush...	
Between...and...	Entre as...e as...	
	entrash...ee ush...	
From...to...	Das...às...	
	dush...ush	
In...minutes	Daqui a...minutos	
	dakee uh...minootoosh	
– an hour	Daqui a uma hora	
	dakee uh ooma ora	
– ...hours	Daqui a...horas	
	dakee uh...orash	
– a quarter of an hour	Daqui a um quarto de hora	
	dakee ah oom cuartoo dora	
– three quarters of an hour	Daqui a três quartos de hora	
	dakee ah trayge cuartoosh dora	
early/late	cedo/tarde	
	sedoo/tard	
on time	a horas	
	uh orash	
summertime	horário de verão	
	oraryoo duh verau	
wintertime	horário de inverno	
	orarioo duh invairnoo	

.4 One, two, three...

0	zero	*zairoo*
1	um	*oom*
2	dois	*doysh*
3	três	*trayge*

Useful lists

4	quatro	*cuartroo*
5	cinco	*seenkoo*
6	seis	*saysh*
7	sete	*set*
8	oito	*oytoo*
9	nove	*nov*
10	dez	*dej*
11	onze	*onz*
12	doze	*doaze*
13	treze	*treyze*
14	catorze	*cattorz*
15	quinze	*keenze*
16	dezasseis	*dezzasaysh*
17	dezassete	*dezzaset*
18	dezoito	*dezzoytoo*
19	dezanove	*dezzanov*
20	vinte	*veent*
21	vinte e um	*veenty oom*
22	vinte e dois	*veenty doysh*
30	trinta	*treenta*
31	trinta e um	*treenty oom*
32	trinta e dois	*treenty doysh*
40	quarenta	*cuarenta*
50	cinquenta	*seencuenta*
60	sessenta	*sessenta*
70	setenta	*settenta*
80	oitenta	*oytenta*
90	noventa	*nooventa*
100	cem	*same*
101	cento e um	*sentoo ee oom*
110	cento e dez	*sentoo ee dej*
120	cento e vinte	*sentoo ee veent*
200	duzentos	*doozentoosh*
300	trezentos	*trayzentoosh*
400	quatrocentos	*cuartroosentoosh*
500	quinhentos	*keenyentush*
600	seiscentos	*sayshsentoosh*
700	setecentos	*setsentoosh*
800	oitocentos	*oytsentoosh*
900	novecentos	*novsentoosh*
1000	mil	*meel*
1100	mil e cem	*meely same*
2000	dois mil	*doysh meel*
10,000	dez mil	*dej meel*
100,000	cem mil	*say meel*
1,000,000	milhão	*meelyau*
1st	primeiro	*preemayroo*
2nd	segundo	*seggoondoo*
3rd	terceiro	*tairsayroo*
4th	quarto	*cuartoo*
5th	quinto	*keentoo*
6th	sexto	*seshtoo*
7th	sétimo	*settimoo*
8th	oitavo	*oytahvoo*
9th	nono	*nohnoo*
10th	décimo	*dessimoo*

Useful lists

11th	décimo primeiro	*dessimoo preemayroo*
12th	décimo segundo	*dessimoo segundoo*
13th	décimo terceiro	*dessimoo tairsayroo*
14th	décimo quarto	*dessimoo cuartoo*
15th	décimo quinto	*dessimoo keentoo*
16th	décimo sexto	*dessimoo seshtoo*
17th	décimo sétimo	*dessimoo settimoo*
18th	décimo oitavo	*dessimoo oytarvoo*
19th	décimo nono	*dessimoo nohnoo*
20th	vigésimo	*veejezimoo*
21st	vigésimo primeiro	*veejezimoo preemayroo*
22nd	vigésimo segundo	*veejezimoo segoondoo*
30th	trigésimo	*treejezimoo*
100th	centésimo	*sentezimoo*
1000th	milésimo	*milezimoo*

once	uma vez	*ooma vayzh*
twice	duas vezes	*dooash vayzesh*
double	o dobro	*oo dobroo*
triple	o triplo	*oo treeploo*
half	a metade	*uh mettard*
a quarter	um quarto	*oom cuartoo*
a third	um terço	*oom tairsoo*
a couple, a few, some	um par de, uns, alguns	*oom par duh, oonsh, algoomash*
2+4=6	dois mais quatro são seis	*doysh mysh cuartroo sow saysh*
4-2=2	quatro menos dois são dois	*cuartroo mennush doysh sow doysh*
2x4=8	dois vezes quatro são oito	*dooash vayzesh cuartroo sow oytoo*
4÷2=2	quatro a dividir por dois são dois	*cuartroo uh divvideer por doysh sow doysh*
odd/even	par/ímpar	*par/eempar*
total	(em) total	*(aim) tootal*
6x9	seis por nove	*saysh por nov*

1.5 The weather

Is the weather going to be good/bad?	Estará bom/mau tempo?	*estarah bom tempoo?*
Is it going to get colder/hotter?	Estará mais frio/calor?	*estarah mysh freeooh/calore?*
What temperature is it going to be?	Quantos graus vão estar?	*cuarntoosh growsh vow eshtar?*
Is it going to rain?	Vai chover?	*vy shoover?*

Is there going to be a storm?	Vamos ter uma tempestade?	
	varmoosh ter ooma tempeshtard?	
Is it going to snow?	Vai nevar?	
	vy nevvar?	
Is it going to freeze?	Vai haver nevoeiro?	
	vy aver nevvooayroo?	
Is the thaw setting in?	Vai fazer trovoada?	
	vy fazzair troovooarda?	
Is it going to be foggy?	O tempo vai mudar?	
	oo tempoo vy moodar?	
It's cooling down	Vai arrefecer	
	vy arryfessair	
What's the weather going to be like today/tomorrow?	Que tempo vamos ter hoje/amanhã?	
	kuh tempoo varmoosh tair oarje/ahmanyar?	

Useful lists

abafado	fresco	quente
muggy	cool	hot
aguaceiro	frio	quentíssimo
shower	cold	scorching hot
ameno	gelo	rajadas de vento
mild	ice	squalls
bom tempo	geada	ruim
fine	frost	bleak
céu limpo	granizo	tempestuoso
clear	hail	stormy
céu pouco/muito nublado	... graus abaixo/ acima de zero	trovoada thunderstorm
light/heavy clouds	...degrees above/ below zero	vaga de calor heatwave
(cheio de) sol	húmido	vento
sunny	damp	wind
chuva	nebuloso	vento fraco/ moderado/forte
rain	cloudy	light/moderate/ strong wind
chuvisco	neve	
drizzle	snow	
chuvoso	nevoeiro	ventoso
wet	fog	windy
ciclone	nublado	
hurricane	overcast	

1.6 Here, there...

See also 5.1 Asking for directions

here/there	aqui/ali
	akee/alee
somewhere/nowhere	em algum/nenhum lugar
	aim algoom/nenewm loogar
everywhere	em todo o lado
	aim tohdoo oo lardoo
far away/nearby	longe/perto
	lonj/peartoo
right/left	para a direita/esquerda
	parra uh dirrayta/eshkerda

Useful lists

right/left of	à direita/esquerda de	*ah dirrayta/eshkerda duh*
straight ahead	em frente	*aim frent*
via	por	*poor*
in	em	*aim*
on	sobre	*sohbre*
under	debaixo de	*debyshoo duh*
against	contra	*contrah*
opposite	em frente	*aim frent*
next to	ao lado de	*ow lardoo duh*
near	perto	*pairto*
in front of	em frente de	*aim frent duh*
in the center	no centro	*noo sentroo*
forward	para diante	*parra deeant*
downward	para baixo	*parra byshoo*
upward	para cima	*parra seema*
inward	para dentro	*parra dentroo*
outward	para fora	*parra foura*
backward	para trás	*parra traj*
at the front	à frente	*ah frent*
at the back	atrás	*atraj*
in the north	no norte	*noo nort*
to the south	para o sul	*para oo sool*
from the west	de oeste/do oeste	*di esht/doo esti*
from the east	de leste/do leste	*duh lesht/doo lesti*
to...from	a...de	*ah...duh*

.7 What does that sign say?

See also 5.4 Traffic signs

aberto/fechado
open/closed

água não potável
not drinking water

alta tensão
high voltage

aluga-se
for hire

avariado/não funciona
out of order

caixa
pay here

completo
full

cuidado com o cão
beware of the dog

cuidado com o degrau
watch your step

é favor não
  incomodar
do not disturb

elevador
elevator

empurre/puxe
push/pull

escada
steps

entrada
entrance

entrada livre/
  grátis
entry free

escada de incêndio
fire escape

escada rolante
escalator

homens
gentlemen

horário
opening hours

informações
information

lavabos
toilets

liquidação
clearance

liquidação total
  close-out sale

não mexer
do not touch

passagem/
  entrada proibida
no entry

perigo
danger

perigo de
  incêndio
fire hazard

posto de primeiros
  socorros
first aid

primeiro andar
first floor

proibida a entrada
  de animais
no pets allowed

proibido fazer
  fogueira
no open fires

proibido
  fotografar
no photographs

proibido fumar
no smoking

proibido pisar
  a relva
keep off the grass

propriedade
  privada
private (property)

recepção
reception

reservado
reserved

saída
exit

saída de
  emergência
emergency exit

saldos
sale

senhoras
ladies

sinal de alarme
alarm signal

tinta fresca
wet paint

vende-se
for sale

.8 Telephone alphabet

a ___	*ah*	América	*amereeka*
b ___	*bay*	Bernardo	*bairnardoo*
c ___	*say*	Colónia	*colonnia*
d ___	*day*	Dinamarca	*deenamarca*
e ___	*eh*	Espanha	*eshpanya*
f ___	*ef*	França	*fransa*
g ___	*jey*	Grécia	*gressia*
h ___	*gar*	Holanda	*ollanda*
i ___	*ee*	Irlanda	*earlanda*
j ___	*jotta*	Japão	*japown*
k ___	*kappa*	Kremlim	*kremleen*
l ___	*el*	Londres	*londresh*
m ___	*me*	Madrid	*madree*
n ___	*ene*	Nápoles	*napolesh*
o ___	*oh*	Oslo	*ojloo*

Useful lists

p_____	peh	Portugal	poortoogarl
q_____	q	Quilo	keeloo
r_____	err	Rússia	roossia
s_____	ess	Suécia	swessia
t_____	tay	Turquia	toorkeea
u_____	u	Uruguai	ooroogwy
v_____	vay	Vitória	veetoria
w_____	vay	Washington	vasheengton
x_____	sheej	Xangai	shangai
y_____	ipsilon		
z_____	zey	Zurique	zooreek

1.9 Personal details

surname _____ apelido
apelleedoo

christian/given name(s) ____ nome
nom

initials _____ iniciais
iniciaish

address (street/number) ___ morada (rua/número)
moorada (rua/noomeroo)

postal/zip code/town _____ código postal
coddigoo pooshtal

sex (male/female) _____ sexo (masculino/feminino)
sexoo (mashculeenoo/ femineenoo)

nationality _____ nacionalidade
nasseeonalidad

date of birth _____ data de nascimento
data duh nashsimentoo

place of birth _____ local de nascimento
local duh nashsimentoo

occupation _____ profissão
proofissow

married/single/divorced ____ casado/solteiro/divorciado
cazadoo/solltayroo/divorciadoo

widowed _____ viúva/viúvo
vioova/vioovoo

(number of) children _____ (número de) filhos
noomeroo duh feelyoosh

identity card/passport/ _____ número de bilhete de identidade/
  driving license number   passaporte/carta de condução
noomeroo duh beelyet duh eedentidad/
passaport/carta duh condusow

place and date of issue ____ local e data de emissão
loocal ee data duh emissow

16

Courtesies

2.1	**G**reetings	18
2.2	**H**ow to ask a question	19
2.3	**H**ow to reply	20
2.4	**T**hank you	21
2.5	**S**orry	21
2.6	**W**hat do you think?	22

Courtesies

● **It is usual in Portugal** to shake hands on meeting and parting company. Female friends and relatives may kiss each other on both cheeks when meeting and parting company. With men this varies according to the region.

.1 Greetings

Hello, Mr Smith	Olá, senhor Smith/Olá, Seu Smith
	olah, senyor Smith/olah sayoo Smith
Hello, Mrs Jones	Olá, Senhora Jones
	olah, senyora Jones
Hello, Peter	Olá, Peter
	olah, Peter
Hi, Helen	Viva, Helen
	viva, Helen
Good morning, madam	Bom dia, minha senhora
	bom deeah, meenya senyora
Good afternoon, sir	Boa tarde, senhor
	Boa tard, senyor
Good evening	boa noite
	boa noyt
Good day	Bom dia
	bom deeah
How are you?	Como está?
	comoo eshtah?
Fine, thank you, and you?	Bem obrigado, e o senhor?
	baim obrigahdoo, ee oo senyor?
Very well	Óptimo
	otimoo
Not very well	Mais ou menos
	maiz oh mennush
Not too bad	Vai se andando
	vysuh andandoo
I'd better be going	Vou andando
	vo andandoo
I have to be going. Someone's waiting for me	Tenho de ir. Estão à minha espera
	tenyo duh ear. eshtau uh meenya eshperah
Good-bye	Tchau!
	chau
See you soon	Adeus!
	adayoosh!
See you later	Até logo!
	atay loggoo!
See you in a little while	Até breve!
	atay brev!
Sleep well	Durma bem
	dourma baim
Goodnight	Boa noite
	boa noyt
All the best	Que tudo lhe corra bem
	kuh toodoo lher courrah baim
Have fun	Divírta-se
	deeverts suh

Good luck	Muita sorte/Boa sorte
	muinta sort
Have a nice vacation	Boas férias
	boash ferriash
Have a good trip	Boa viagem
	boa viarjaim
Thank you, you too	Obrigado, igualmente
	obbrigahdoo, eeguarlment
Say hello to...for me	Dê cumprimentos a...
	day coomprimentoosh ah...

.2 How to ask a question

Who?	Quem?
	kaim?
Who's that?	Quem é?
	kaim eh?
What?	O quê?
	oo kay?
What's there to see here?	O que é que se pode visitar aqui?
	oo kee eh kuh suh pod veesitar akee?
What kind of hotel is this?	Que tipo de hotel é este?
	kuh teepoo di ohtel eh esht?
Where?	Onde?
	ond?
Where's the bathroom?	Onde são os lavabos?
	ond sow oosh lavarboosh?
Where are you going?	Para onde vai?
	parra ond vy?
Where are you from?	De onde é?
	di ond eh?
How?	Como?
	commoo?
How far is that?	A que distância fica?
	ah kay dishtancia feeka?
How long does that take?	Quanto tempo dura?
	cuarntoo tempoo doura?
How long is the trip?	Quanto tempo dura a viagem?
	cuarntoo tempoo doura ah veeargaim?
How much?	Quanto?
	cuarntoo?
How much is this?	Quanto custa isto?
	cuarntoo cooshter eeshtoo?
What time is it?	Que horas são?
	kay orash sow?
Which?	Qual? Quais?
	quarl? cwysh?
Which glass is mine?	Qual é o meu copo?
	quarl eh oo mayoo coppoo?
When?	Quando?
	cwarndoo?
When are you leaving?	Quando é que parte?
	cwarndoo eh kuh part?
Why?	Porquê?
	poorkay?
Could you...me?	Poderia...me?
	pooderia...muh?

Courtesies

Could you help me, please?	Poderia ajudar-me se faz favor?	
	pooderia ajoodar muh suh faj favor?	
Could you point that out to me?	Poderia indicar-mo?	
	pooderia eendi-eecar moo?	
Could you come with me, please?	Poderia vir comigo, se faz favor?	
	pooderia veer comeego, suh faj favor?	
Could you reserve some tickets for me, please?	Poderia reservar-me bilhetes?	
	pooderia resairvar muh beelyettsh?	
Do you know whether...?	Por acaso, sabe se...?	
	por acarzoo, sab si...?	
Do you have...?	Tem...?	
	tame...?	
Do you know another hotel, please?	Conhece outro hotel?	
	koonyes ohtroo ohtel?	
Could you give me...?	Podia dar-me...?	
	poodeeah dar muh...?	
Do you have a vegetarian dish, please?	Tem por acaso um prato sem carne?	
	tame poor acasoo oom prartoo same carn?	
I'd like...	Eu queria...	
	ew kereeah...	
I'd like a kilo of apples, please.	Eu queria um quilo de maçãs	
	ew kereeah oom keeloo duh massangsh	
Can I...?	Posso...?	
	possoo...?	
Can I take this?	Posso levar isto?	
	possoo levvar eeshtoo?	
Can I smoke here?	Posso fumar aqui?	
	possoo foomar akee?	
Could I ask you something?	Posso fazer-lhe uma pergunta?	
	possoo fazzair lhuh ooma pairgoontah?	

2.3 How to reply

Yes, of course	Sim, claro
	see, claroo
No, I'm sorry	Não, desculpe
	now, deshcoolp
Yes, what can I do for you?	Em que posso ser-lhe útil?
	aim kuh possoo sair lheh ooteel?
Just a moment, please	Um momento, se faz favor
	oom moomentoo, suh fash favvor
No, I don't have time now	Não, agora não tenho tempo
	now, agorah now tenyoo tempoo
No, that's impossible	Não, isso é impossível
	now, eessoo eh imposseevel
I think so	Creio que sim
	crayoo kuh see
I agree	Eu também penso que sim
	eyoo tambaim pensoo kuh see
I hope so too	Também o espero
	tambaim oo eshpearoo
No, not at all	Não, de modo nenhum
	now, duh mohdoo nenyoom
No, no one	Não, ninguém
	now, ningame
No, nothing	Não, nada
	now, narda

That's (not) right	Isso está certo (isso está errado)
	eesoo eshtah sairtoo (eesoo eshtah errardoo)
I (don't) agree	(Não) estou de acordo/Não concordo consigo
	(now) eshtoe di acordoo/now concordoo conseegoo
All right	Está certo
	eshtah sairtoo
Okay	De acordo
	di acordoo
Perhaps	Talvez
	talvayj
I don't know	Não sei
	now say

2.4 Thank you

Thank you	Obrigado/muito obrigado
	obbrigahdoo/mweentoo obbrigahdoo
You're welcome	De nada/foi um prazer
	duh narda/foy oom prahzair
Thank you very much	Muitíssimo obrigado
	mweenteessimoo obbrigahdoo
Very kind of you	Muito amável da sua parte
	mweentoo amarvel da suah part
I enjoyed it very much	Foi um verdadeiro prazer
	foy oom verdadayroo prahzair
Thank you for your trouble	Agradeço-lhe o incómodo
	agraddaysoo lhyer oo eencomodoo
You shouldn't have	Não precisava se incomodar
	now preceesarva si eencomoodar
That's all right	Não tem de que
	now taim duh kay

2.5 Sorry

Sorry!	Perdão
	perdow
Excuse me	Com licença
	com leesensa
I'm sorry!	Desculpe!
	deshcoolp!
I'm sorry, I didn't know...	Desculpe, eu não sabia que ...
	deshcoolp, eyoo now sabeeah kuh...
I do apologize	Desculpe-me
	deshcoolp muh
I'm sorry	Lamento
	lamentoo
I didn't do it on purpose, it was an accident	Não fiz de propósito, foi sem querer
	now feej duh propozeetoo, foy same kerrair
That's all right	Não faz mal
	now faj mal
Never mind	Deixe lá
	daysh la
It could've happened to anyone	Pode acontecer com toda a gente
	pod acontessair com toeda ah jent

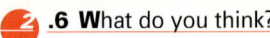

.6 What do you think?

What do you think?	O que acha?	oo keh asha?
What do you prefer?	O que prefere?	oo keh prefair?
Don't you like dancing?	Não gosta de dançar?	now goshta duh dansar?
I don't mind	É me indiferente/ Tanto faz	eh muh eendeeferent/ tantoo faj
Well done!	Muito bem!	mueentoo baim!
Not bad!	Não está mal!	now eshtah mal!
Great!	Optimo!	ottimoo!
Wonderful!	Que delícia!	kay delleecia!
It's really nice here!	Que bem que se está aqui!	kay baim kuh si eshtah akee!
How nice!	Que giro/bonito!	kay geeroo/ booneetoo!
How nice for you!	Que bom para si!	kay bom parra see!
I'm (not) very happy with...	(Não) estou muito contente com...	(now) eshtoe mweentoo content com...
I'm glad...	Alegra-me que ...	allegra muh kuh...
I'm having a great time	Divirto-me muito	deeveertoo muh mweentoo
I'm looking forward to it	Aguardo com muito prazer ...	agwardoo com mweentoo prazair...
I hope it'll work out	Espero que dê resultado	eshpairoo kuh day resultardoo
That's ridiculous!	Que ridículo!	kay reedeecooloo!
That's terrible!	Que terrível!	kay tereevel!
What a pity!	Que pena!	kay pena!
That's filthy!	Que sujo!	kay soojoo!
What nonsense!	Que disparate!	kay deeshparatt!
I don't like...	Não gosto de ...	now goshtoo duh
I'm bored to death	Aborreço-me terrívelmente	aboressoo muh terreevelment
I've had enough	Estou farto/farta	eshtoe fartoo/ farta
This is no good	Assim não pode ser	assee now pod sair
I was expecting something completely different	Esperava outra coisa completamente diferente	eshperarvah ohtra coyza completament deeferent

Conversation

3.1 **I** beg your pardon? 24

3.2 **I**ntroductions 25

3.3 **S**tarting/ending a conversation 27

3.4 **C**ongratulations and condolences 27

3.5 **A** chat about the weather 27

3.6 **H**obbies 28

3.7 **B**eing the host(ess) 28

3.8 **I**nvitations 28

3.9 **P**aying a compliment 29

3.10 **I**ntimate comments/ questions 30

3.11 **A**rrangements 31

3.12 **S**aying good-bye 31

Conversation

.1 I beg your pardon?

I don't speak any/ _____ I speak a little...	Não falo/falo um pouco *now faloo/faloo oom poecoo*
I'm American _____	Sou Americano *so ahmayreekano*
Do you speak _____ English/French/German?	Fala inglês/francês/alemão? *fala inglej/fransayj/allaymau?*
Is there anyone who _____ speaks...?	Há alguém que fale...? *ah algaim kuh fal...?*
I beg your pardon? _____	O que é que diz? *oo kay eh kuh deej?*
I (don't) understand _____	(Não) compreendo *(now)comprayendoo*
Do you understand me? ___	Compreende-me? *comprend muh?*
Could you repeat that, _____ please?	Podia repetir se faz favor? *poodeer repeteer suh faj favvor?*
Could you speak more _____ slowly, please?	Podia falar mais devagar? *poodeer falar mysh de-vaggar?*
What does that word _____ mean?	O que significa aquilo/aquela palavra? *oo kuh signifeeka akeeloo/akella pallavra?*
Is that similar to/the _____ same as...?	É (quase) a mesma coisa que...? *eh (quaz) ah mejma coyza kuh...?*
Could you write that _____ down for me, please?	Podia escrever? *poodeer eshcrevair?*
Could you spell that _____ for me, please?	Podia soletrar? *poodeer soolittrar?*
(See 1.8 Telephone alphabet)	
Could you point that _____ out in this phrase book, please?	Podia indicar aqui no guia? *poodeer indeecar akee noo gueea?*
One moment, please, _____ I have to look it up	Um momento, tenho de procurar *oom moomentoo tenyoo duh procurar*
I can't find the word/the ___ sentence	Não encontro a palavra/a frase *now encontroo ah palarvra/ ah fraz*
How do you say _____ that in...?	Como é que se diz em ...? *cohmoo eh kuh suh deej aim...?*
How do you pronounce ___ that?	Como é que se pronuncia? *cohmoo eh kuh suh proonoonsia?*

.2 Introductions

May I introduce myself?	Posso apresentar-me?
	possoo apprezentar muh?
My name's...	Chamo-me...
	shamoo muh...
I'm...	Sou...
	so...
What's your name?	Como se chama?
	commoo suh shamma?
May I introduce...?	Apresento lhe...
	aprezentoo lhya...
– my wife/ daughter/ mother/girlfriend	A minha mulher/filha/mãe/amiga
	uh meenya moolyer/feelya/ameega
– my husband/son/ father/boyfriend	O meu marido/filho/pai/amigo
	oo mayoo mareedoo/feelyo/ameegoo
How do you do	Muito prazer em conhecê-lo
	mueentoo prazair aim coonyessay loo
Pleased to meet you	Muito prazer (em conhecê-lo)
	mueentoo prazair aim coonyessay loo
Where are you from?	Donde é?/De onde é?
	dond eh?/di ondi eh?
I'm from the United States	Sou dos Estados Unidos
	so dos eestados unidos
What city do you live in?	Em que cidade mora?
	aim kay sidard mora?
In... It's near...	Em... É perto de...
	aim... eh pairtoo duh
Have you been here long?	Já está cá há muito tempo?
	jah eshtah cah hah mweentoo tempoo?
A few days	Há uns dias
	ha unsh deeash
How long are you staying here?	Quanto tempo fica cá?
	cuarntoo tempoo feeka cah?
We're (probably) leaving tomorrow/in two weeks	Partimos (provavelmente) amanhã/daqui a duas semanas
	partimoosh (proovarvelment) armanyar/dakee ah dooash semarnash
Where are you staying?	Onde está hospedado?
	ond eshtah oshpedardoo?
In a hotel/an apartment	Num hotel/apartamento
	noom ohtel/ apartarmentoo
On a camp site	Num parque de campismo
	noom park duh campeejmoo
With friends/relatives	Em casa de uns amigos/familiares
	aim carza di uns amigoosh/familiaresh
Are you here on your own/with your family?	Está cá sozinho/com a família?
	eshtah cah sozeenyoo/com ah fameelya?
I'm on my own	Estou sozinho
	eshtoe sozeenyoo
I'm with my partner/wife/husband	Estou com a minha amiga/o meu amigo/a minha mulher/o meu marido
	eshtoe com ah meenya ameega/oo mayoo ameegoo/ah meenya mullyer/oo mayoo mareedoo

Conversation

Conversation

– with my family	Estou com a minha família	
	eshtoe com ah meenya fameelya	
– with relatives	Estou com familiares	
	eshtoe com familiaresh	
– with a friend/friends	Estou com um amigo/uma amiga/amigos	
	eshtoe com oom ameegoo/ooma ameega/ ameegoosh	
Are you married?	É casado/casada?	
	eh cazardo/cazarda	
Do you have a steady boyfriend/girlfriend?	Tens namorado/namorada?	
	taynsh namorardoo/namorardah?	
That's none of your business	Não tem nada com isso	
	now taim narda com eesso	
I'm married	Sou casado/casada	
	so cazardo/cazarda	
– single	Sou solteiro/solteira	
	so soltayroo/soltayrah	
– separated	Estou separado/separada	
	eshtoe separrardoo/separrardah	
– divorced	Estou divorciado/divorciada	
	eshtoe deevorciardoo/deevorciardah	
– a widow/widower	Sou viúva/viúvo	
	so veeoova/veeoovoo	
I live alone/with someone	Vivo sozinho/com um companheiro	
	veevoo sozzeenyoo/com oom companyayroo	
Do you have any children/grandchildren?	Tem filhos/netos?	
	taim feelyoosh/nettoosh?	
How old are you?	Que idade tem?	
	kuh eedad taim?	
How old is she/he?	Que idade tem ela/ele?	
	kuh eedad taim ella/el?	
I'm...	Tenho...anos	
	tenyo...anoosh	
She's/he's...	Ela/ele tem...anos	
	ella/el taim...anoosh	
What do you do for a living?	O que é que faz?	
	oo kay eh kuh faj?	
I work in an office	Trabalho num escritório	
	trabalyoo noom eshcritoryoo	
I'm a student/ I'm at school	Estudo/ando na escola	
	eshtoodoo/andoo nah eshcolla	
I'm unemployed	Estou desempregado	
	eshtoe dezempregardoo	
I'm retired	Estou reformado	
	eshtoe refformardoo	
I'm on a disability pension	Estou reformado por causa de inválidez	
	eshtoe refformardoo por cowza di eenvallidesh	
I'm a housewife	Sou dona de casa	
	so donna duh carza	
Do you like your job?	Gosta do seu trabalho?	
	goshta doo sayoo trabalyoo?	
Most of the time	Às vezes sim, às vezes não	
	aj vaizesh see, aj vaizesh now	
I usually do, but I prefer vacations	Geralmente sim, mas gosto mais de férias	
	jerarlment si maj goshtoo mysh duh ferriash	

.3 Starting/ending a conversation

Could I ask you something?	Posso fazer-lhe uma pergunta?
	possoo fazer lyer ooma pergoontah
Excuse me	Desculpe
	deshcoolp
Excuse me, could you help me?	Desculpe, podia ajudar-me?
	deshcoolp poodeer ajoodar muh?
Yes, what's the problem?	Sim, o que é?
	see oo kee eh?
What can I do for you?	O que deseja?
	oo kuh dezayjah?
Sorry, I don't have time now	Desculpe, agora não tenho tempo
	deshcoolp agorah now tenyoo tempoo
Do you have a light?	Tem lume?
	taim loom?
May I join you?	Posso sentar-me ao seu lado?
	possoo sentar muh ow sayoo lardoo?
Could you take a picture of me/us? Press this button	Podia tirar-me/tirar-nos uma fotografia? Carregue neste botão.
	podia tirrar muh/tirrar nooz ooma fotograffia? carreg nesht bootau
Leave me alone	Deixe-me em paz
	daysh muh aim paj
Get lost	Vá-se embora!
	vah suh emborah!
Go away or I'll scream	Se não se for embora, começo a gritar!
	suh now suh for emborah comessoo ah greetarr!

.4 Congratulations and condolences

Happy birthday/many happy returns	Feliz aniversário!
	feleej annivaisaryoo!
Please accept my condolences	Os meus pêsames
	oosh mayoosh pezamesh
I'm very sorry for you	Sinto muito
	seentoo muentoo

.5 A chat about the weather

See also 1.5 The weather

It's so hot/cold today!	Que calor/frio está hoje!
	kay calorr/freeyoo eshtah oarje!
Nice weather, isn't it?	Que bom tempo!
	kay bom tempoo!
What a wind/storm!	Que vento/tempestade!
	kay ventoo/tempeshtad!
All that rain/snow!	Que chuva/neve!
	kay choova/nev!
All that fog!	Que nevoeiro!
	kay nevooayroo!
Has the weather been like this for long here?	O tempo já está assim há muitos dias?
	oo tempoo jah eshtah aseem ah mueentoosh deeash?

Is it always this hot/cold here?	Aqui está sempre tanto calor/frio?
	akee eshtah semprah tantoo calor/freeyoo?
Is it always this dry/wet here?	Aqui o tempo está sempre tão seco/húmido?
	akee oo tempoo eshtah semprah tau saycoo/oomidoo?

.6 Hobbies

Do you have any hobbies?	Tem algum passatempo?
	taim algoom passatempoo?
I like painting/reading/photography	Gosto de pintar/ler/fotografar/biscates
	gostoo duh peentar/lair/fotoggrafar
I like music	Gosto de música
	goshtoo duh moosica
I like playing the guitar/piano	Gosto de tocar guitarra/piano
	goshtoo duh toocar guitarra/pianoo
I like going to the movies	Gosto de ir ao cinema
	goshtoo duh ir ow cinaymah
I like travelling/playing sports/fishing/walking	Gosto de viajar/fazer desporto/pescar/passear
	goshtoo duh veeajar/fazair deshportoo/passeear

.7 Being the host(ess)

See also 4 Eating out

Can I offer you a drink?	Posso oferecer-lhe uma bebida?
	possoo offeressair lya ooma bebbeeda?
What would you like to drink?	O que é que queres beber?
	oo kee eh kuh cairesh bebbair?
Something non-alcoholic, please	Preferia uma bebida não alcoólica
	prefferia ooma bebbeeda now alcoohollica
Would you like a cigarette/cigar?	Quer um cigarro/charuto?
	care oom cigaroo/sharootoo?
I don't smoke	Não fumo
	now foomoo

3.8 Invitations

Are you doing anything tonight?	Vais fazer alguma coisa esta noite?
	vysh fazzair algooma coyza eshta noyt?
Do you have any plans for today/this afternoon/tonight?	Já tem planos para hoje/esta tarde/hoje à noite?
	jah taim planoosh parra oarje/eshta tard/oarje ah noyt?
Would you like to go out with me?	Gostaria de sair comigo?
	goshtareeah duh syeer commeegoo?
Would you like to go dancing with me?	Quer dançar comigo?
	care dansar commeegoo?
Would you like to have lunch/dinner with me?	Quer almoçar/jantar comigo?
	care almoosar/jantar commeegoo?

Would you like to come to the beach with me?	Quer ir à praia comigo?
	care eer ah prya commeegoo?
Would you like to come into town with us?	Quer ir ao centro connosco?
	care eer ow sentroo conoshcoo?
Would you like to come and see some friends with us?	Quer ir a casa de uns amigos connosco?
	care eer ah carza di unsh ameegoosh conoshcoo?
Shall we dance?	Vamos dançar?
	varmoosh dansar?
– sit at the bar?	Vámonos sentar no bar?
	vamoo noosh sentar noo bar?
– get something to drink?	Vámos beber qualquer coisa?
	varmoosh bebbair qualcair coyza?
– go for a walk/drive?	Vámos dar uma volta a pé/de carro?
	varmoosh dar ooma vollta ah peh/duh cahroo?
Yes, all right	Sim, está bem
	si eshtah baim
Good idea	Boa idéia
	boa eedaya
No (thank you)	Não (obrigado)
	now obrigardoo
Maybe later	Talvez logo
	talvej loggoo
I don't feel like it	Não me apetece
	now muh aptess
I don't have time	Não tenho tempo
	now tenyoo tempoo
I already have a date	Já tenho outro encontro
	jah tenyoo ohtroo encontroo
I'm not very good at dancing/volleyball/swimming	Não sei dançar/jogar voleibol/nadar
	now say dansar/joogar volleybol/naddar

3.9 Paying a compliment

You look wonderful!	Estás com tão bom aspecto!
	eshtash com tau bom ashpectoo!
I like your car!	Que lindo carro!
	kuh leendoo cahroo!
You have beautiful hair	Tens cabelo lindo!
	tensh cabayloo leendoo!
You're a nice boy/girl	És um rapaz amoroso/uma rapariga amorosa
	ez oom rappaj amorozzo/ooma rappareega amorozza
What a sweet child!	Que criança amorosa!
	kay creeansa amorozza!
You're a wonderful dancer!	Danças muito bem!
	dansash mweentoo baim!
You're a wonderful cook!	Cozinhas muito bem!
	coozeenyash mweentoo baim!
You're a terrific soccer player!	Jogas futebol muito bem!
	joggash football mweentoo baim!

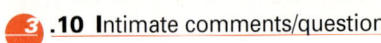.10 Intimate comments/questions

I like being with you	Gosto de estar contigo
	goshtoo di eshtar conteegoo
I've missed you so much	Senti muito a tua falta
	sentee mweentoo ah tooah falta
I dreamt about you	Sonhei contigo
	sonyay conteegoo
I think about you all day	Penso o dia inteiro em ti
	pensoo oo deeah eentayroo aim tee
You have such a sweet smile	Tens um sorriso lindo
	taynz oom sooreesoo leendoo
You have such beautiful eyes	Tens uns olhos tão lindos
	taynz oonz ollyoosh tau leendoosh
I'm in love with you	Estou apaixonado/a por ti
	eshtoe appaishonardoo/a por tee
I'm in love with you too	E eu por ti
	ee ew por tee
I love you	Amo-te
	ammoo tuh
I love you too	Eu também te amo
	ew taubaim tee ammoo
I don't feel as strongly about you	Não sinto um grande amor por ti
	now oo seentoo oom grand amor por tee
I already have a boyfriend/girlfriend	Já tenho um namorado/uma namorada
	jah tenyoo oom namorardoo/ooma namorardah
I'm not ready for that	Ainda não cheguei a esse ponto
	ayeenda now shegay ah ess esspontoo
This is going too fast for me	Eu preciso de mais tempo
	ew preseezoo duh mysh tempoo
Take your hands off me	Não te metas comigo
	nao tuh metash commeegoo
Okay, no problem	Está bem, não faz mal
	estah baim now faj mal
Will you stay with me tonight?	Ficas esta noite comigo?
	feecash eshtah noyt commeegoo?
I'd like to go to bed with you	Quero ir para a cama contigo
	keroo eer parra ah camma conteegoo
Only if we use a condom	Só com um preservativo
	soh com oom preservateevoo
We have to be careful about AIDS	Temos de ser cautelosos com a SIDA
	taymoosh de sair cowtellozush com ah seeda
That's what they all say	É o que todos dizem
	eh oo kuh toedoosh deezaim
We shouldn't take any risks	Não podemos correr riscos
	now poodaymoosh correr reeshcush
Do you have a condom?	Tens um preservativo?
	taynz oom preservateevoo?
No? In that case we won't do it	Não? Então não podemos
	now? entau now poodaymoosh

3.11 Arrangements

When will I see you again?	Quando é que te volto a ver?/Quando é que vejo você de novo?
	cwarndoo eh kuh tuh voltoo ah vair?
Are you free over the weekend?	Tem tempo no fim-de-semana?
	taim tempoo noo feem duh semarna?
What shall we do?	O que é que combinamos?
	oo ki eh kuh combinarmoosh?
Where shall we meet?	Onde nos encontramos?
	one nuz encontrarmoosh?
Will you pick me/us up?	Vem buscar-me/nos?
	vaim booshcar muh/noosh?
Shall I pick you up?	Posso ir buscálo/la?
	possoo eer bushcar loo/la?
I have to be home by...	Tenho de estar em casa às...
	tenyoo di eshtar aim carza aj...
I don't want to see you anymore	Não o/a quero ver mais
	now oo/ah kairoo ver mysh

3.12 Saying good-bye

Can I take you home?	Posso levá-lo/la para casa?
	possoo levar loo/la parra carza?
Can I write/call you?	Posso escrever-lhe/telefonar-lhe?
	possoo eshcrevair lya/teleffonar lya?
Will you write/call me?	Escreve me/telefóna-me?
	eshcrev muh/teleffona muh?
Can I have your address/phone number?	Dá me a sua morada/o seu telefone?
	dar muh ah sua morrarda/oo sayoo telefon?
Thanks for everything	Obrigado por tudo
	obrigardoo por toodoo
It was very nice	Gostei imenso
	goshtay immensoo
Say hello to...	Cumprimentos a...
	coomprimentoosh ah...
All the best	Desejo-te o melhor
	dezayjoo tuh oo mellyor
Good luck	Que tudo corra bem
	kuh toodoo corrah baim
When will you be back?	Quando voltas?
	cwarndoo volltash
I'll be waiting for you	Espero por ti
	eshpairoo por tee
I'd like to see you again	Gostava de voltar a ver-te
	goshtarva duh volltar ah vair tuh
I hope we meet again soon	Espero que a gente volte a se ver brevemente
	eshpairoo kuh ah jent vollt ah suh vair brevment
This is our address. If you're ever in the US...	Esta é a nossa morada. Se algum dia for em Estados Unidas...
	eshta eh ah nossa morardah. se algoom deeah for aim eestados unidas...
You'd be more than welcome	É sempre bem-vindo
	eh semprah baim veendoo

Eating out

4.1	**O**n arrival	33
4.2	**O**rdering	34
4.3	**T**he bill	36
4.4	**C**omplaints	37
4.5	**P**aying a compliment	37
4.6	**T**he menu	38
4.7	**A**lphabetical list of drinks and dishes	38

Eating out

● **In Portugal** people usually have at least three meals:
Breakfast (*pequeno almoço*) is taken between 7.30 and 10am. Breakfast is light and consists of *café com leite* (white coffee) and rolls and butter (*pão com manteiga*) or toast (*torradas*).
Lunch (*almoço*) is taken between midday and 2pm. It is usually quite a substantial meal and is never rushed. Offices and shops often close and lunch is taken at home or in a restaurant or café. The meal usually consists of at least two courses and is often preceded by soup. Bread is usually available on the table.
Dinner (*jantar*) is from 8pm onwards and is similar in content to lunch. It is usually a family meal taken at home, except at weekends and public holidays when restaurants are the preferred venue.
Some Portuguese manage to fit in *lanche* (tea) during the afternoon whilst most cannot last until the evening meal without a snack of some sort. Late night supper (*ceia*) is available in some bars and small restaurants around midnight.

4.1 On arrival

I'd like to reserve a table for seven o'clock, please	Posso reservar uma mesa para as sete? *possoo resairvar ooma mayza parra ash set?*
I'd like a table for two, please	Uma mesa para duas pessoas, se faz favor *ooma mayza parra dooash pessoash, suh faj favvor*
We've/we haven't reserved	(Não) reservámos *(now) resairvarmoosh*
Is the restaurant open yet?	O restaurante já está aberto? *oo reshtowrant jah eshtah abertoo?*
What time does the restaurant open/close?	A que horas abre/fecha o restaurante? *ah kay orash abre/fesha oo reshtowrant?*
Can we wait for a table?	Podemos esperar por uma mesa? *poddaymoosh eshpairar por ooma mayza?*
Will we have to wait long?	Temos de esperar muito tempo? *taymoosh di eshpairar mweentoo tempoo?*
Is this seat taken?	Este lugar está livre? *esht loogar eshtah leevre*
Can we sit here/there?	Podemos sentar aqui/ali? *poodaymoosh sentar akee/alee?*
Can we sit by the window?	Podemos sentar junto à janela? *podaymoosh sentar joontoo ah janella?*
Can we eat outside?	Também podemos comer lá fora? *taubaim poodaymoosh comair la foura?*

Reservou uma mesa?	Do you have a reservation?
Em que nome?	What name, please?
Por aqui, se faz favor	This way, please
Esta mesa está reservada	This table is reserved
Dentro de uns quinze minutos uma mesa fica livre	We'll have a table free in fifteen minutes
Entretanto, importava-se de esperar (no bar)?	Would you like to wait (at the bar)?

Eating out

Do you have another chair for us?	Pode-nos trazer mais uma cadeira?
	pod noosh trazair maiz uma cadairah?
Do you have a highchair?	Pode-nos trazer uma cadeira de criança?
	pod noosh trazer ooma cadaira de criansa?
Is there an outlet (a socket) for this bottle-warmer?	Há uma tomada para se ligar este aquecedor de biberão?
	hah ooma toomarda parra suh ligar esht akessedor duh beeberow?
Could you warm up this bottle/jar for me?	Poderia aquecer esta garrafa/este boião?
	pooderia akessair eshta garraffa/este boyau?
Not too hot, please	Não muito quente, se faz favor
	now mweentoo kent, suh faj favvor
Is there somewhere I can change the baby's diaper?	Há aqui algum lugar onde eu possa arranjar o bébé?
	hah akee algoom loogar ond eu possa arranjar oo behbeh?
Where are the restrooms?	Onde são os lavabos?
	ond sow oosh lavarboosh?

4 .2 Ordering

Waiter!	Senhor empregado!/Garçon!
	senyor empregardoo!/garsonn!
Madam!	Minha senhora!
	meenya senyora!
Sir!	Senhor!
	senyor!
We'd like something to eat/a drink	Nós gostaríamos de comer/beber alguma coisa
	noj goshtariamosh duh commair/bebbair algooma coyza
Could I have a quick meal?	Poderia comer alguma coisa rapidamente?
	pooderia commair algooma coyza rappeedament?
We don't have much time	Temos pouco tempo
	taymoosh poecoo tempoo
We'd like to have a drink first	Primeiro queríamos beber qualquer coisa
	preemayroo kerriamoosh bebbair qualcair coyza
Could we see the menu/wine list, please?	Poderia dar nos a ementa/lista de vinhos?
	pooderia dar noosh ah ementa/leeshta duh veenyoosh?
Do you have a menu in English?	Tem uma ementa em inglês?
	taim ooma ementa aim inglayj?
Do you have a dish of the day?	Tem um prato do dia/menu turístico?
	taim oom prato do dia/menu tureeshteeco?
We haven't made a choice yet	Ainda não escolhemos
	eyeenda now eshcolyemoosh
What do you recommend?	O que é que nos recomenda?
	oo kee eh kuh noosh recomenda
What are the specialities of the region/the house?	Quais são as especialidades da região/da casa?
	quysh sow az eshpecialidardesh duh regiau/duh carza?
I like strawberries/olives	Gosto de morangos/de azeitonas
	goshtoo duh morangoosh/de azaytonnash

I don't like fish/meat…	Não gosto de peixe/de carne
	now goshtoo duh paysh/duh carn/duh…
What's this?	O que é isto?
	oo ki eh ishtoo
Does it have…in it?	Isto leva…?
	ishtoo levva?
What does it look like/ taste like?	Com o que é que se parece?/Tem gosto de quê?
	com oo ki eh kuh suh paress?/taim gostoo duh kay?
Is it a hot or a cold dish?	É um prato frio ou quente?
	eh oom prartoo freeoo o kent?
Is it sweet?	É um prato doce?
	eh oom prartoo dose?
Is it spicy?	É um prato picante/com muitos temperos?
	eh oom prartoo picant/com mweentoosh temperoosh?
Do you have anything else, please?	Tem por acaso outra coisa?
	taim por acarzoo ohtra coyza?
I'm on a salt-free diet	Não posso comer sal
	now possoo commair sal
I can't eat pork	Não posso comer carne de porco
	now possoo commair carn duh porcoo
– sugar	Não posso comer açúcar
	now possoo commair assoocar
– fatty foods	Não posso comer gorduras
	now possoo commair gordourash
– (hot) spices	Não posso comer coisas muito picantes
	now possoo commair coyzash mweentoo picantesh
I'll/we'll have what those people are having	O mesmo que aqueles senhores, se faz favor
	oo mejmoo kuh akelesh senyoresh suh faj favvor
I'd like…	Para mim…
	parra me…
We're not having a starter	Não queremos entrada
	now keraymoosh entrarda
The child will share what we're having	O menino come alguma coisa do nosso prato
	oo meneenoo com algooma coyza doo nossoo prartoo

Desejam tomar uma bebida primeiro?	Would you like a drink first?
Já escolheram?	Have you decided?
O que querem beber?	What would you like to drink?
Bom proveito	Enjoy your meal
Querem uma sobremesa/ tomar café?	Would you like a dessert/coffee?
Eu queria ainda uma aguardente, se faz favor	I'd like a brandy please

Eating out

4

Eating out

Could I have some more bread, please?	Traga nos mais pão, se faz favor *tragga noosh mysh pow, suh faj favvor*
– a bottle of water/wine	Traga nos uma garrafa de água/de vinho, se faz favor *tragga nooz ooma garraffa duh agwa/duh veenyoo, suh faj favvor*
– another helping of...	Traga nos mais uma dose de..., se faz favor *tragga nooj myz ooma doz duh ..., suh faj favvor*
– some salt and pepper	Poderia trazer sal e pimenta, se faz favor? *pooderia trazair sal ee peementa suh faj favvor?*
– a napkin	Poderia trazer um guardanapo? *pooderia trazair oom gwardanarpoo?*
– a spoon	Poderia trazer uma colher? *pooderia trazair ooma coolyer?*
– an ashtray	Poderia trazer um cinzeiro? *pooderia trazair oom seenzayroo?*
– some matches	Poderia trazer fósforos? *pooderia trazair foshferoosh?*
– some toothpicks	Poderia trazer palitos? *pooderia trazair paleetoosh?*
– a glass of water	Poderia trazer um copo de água? *pooderia trazair oom coppoo d'agwa?*
– a straw (for the child)	Poderia trazer uma palhinha (para o menino)? *pooderia trazair ooma pallyeenya (parra o meneeno)?*
Enjoy your meal!	Bom proveito! *bom proovaytoo*
You too!	Igualmente! *eegwalmente*
Cheers!	À sua saúde! *ah sooah sowood*
The next round's on me	A próxima rodada eu pago *ah prossima roodarda ew pargoo*
Could we have a doggy bag, please?	Podemos levar o resto para o nosso cão? *podaymoosh levvar oo reshtoo parra oo nossoo cow?*
How much is this dish?	Qual é o preço deste prato? *cuarl eh oo praysoo desht prartoo?*

4.3 The bill

See also 8.2 Settling the bill

Could I have the bill, please?	A conta, se faz favor *ah conta suh faj favvor*
All together	Tudo junto *toodoo joontoo*
Everyone pays separately	Cada um paga a sua parte *carda oom parga ah sooah part*
Could we have the menu again, please?	Podemos ver a ementa novamente? *podaymoosh vair ah ementa novvament?*
The...is not on the bill	O/A...não está na conta *ah/oo...now eshtah nah conta*

4.4 Complaints

It's taking a very long time	Está a demorar muito tempo
	eshtah ah demorar mweentoo tempoo
We've been here an hour already	Já aqui estamos há uma hora
	jah akee eshtamoosh ah ooma ora
This must be a mistake	Isto deve ser engano
	ishtoo dev sair engarnoo
This is not what I ordered	Isto não é o que pedi
	ishtoo now eh oo que peddee
I ordered...	Pedi um/uma ...
	peddee oom/ooma...
There's a dish missing	Falta um prato
	falta oom prartoo
This is broken/not clean	Isto está partido/sujo
	ishtoo eshtah parteedoo/soojoo
The food's cold	A comida está fria
	ah comeeda eshtah freea
– not fresh	A comida não é fresca
	ah comeeda now eh freshca
– too salty/sweet/spicy	A comida está salgada/doce/condimentada
	ah comeeda eshtah salgarda/doess/condimentarda
The meat's not done	A carne está crua
	ah carn eshtah crooa
– overdone	A carne está cozida demais
	a carn eshtah coozeeda demysh
– tough	A carne está dura
	a carn eh reeja
– spoiled	A carne está estragada
	a carn eshtah shtragada
Could I have something else instead of this?	Podia trazer me outra coisa em vez disto?
	poodia trazair muh ohtra coyza aim vej deeshtoo?
The bill/this amount is not right	A conta/o total não está certa(o)
	ah conta/oo tootal now eshtah sairta(oo)
We didn't have this	Isto não nos foi servido
	eeshtoo now nooj foi serveedoo
There's no toilet paper in the bathroom	Não há papel higiénico na casa de banho
	now ah papell hijenneecoo nah carza duh bahnyoo
Do you have a complaints book?	Tem um livro de reclamações?
	taim oom leevroo duh reclammasoynsh?
Will you call the manager, please?	Podia chamar o gerente, se faz favor?
	poodia shammar oo jerent, suh faj favvor?

4.5 Paying a compliment

That was a wonderful meal	Comemos muito bem
	comaymoosh mweentoo baim
The food was excellent	A comida estava excelente
	ah comeeda eshtarva eshsellent
The...in particular was delicious	Principalmente o/a...estava excelente
	preencipallment oo/ah...eshtarva eshcellent

Eating out

.6 The menu

aperitivos	legumes	pratos frios
appetizers	vegetables	cold dishes
aves	lista dos vinhos	pratos quentes
poultry	the wine list	hot dishes
bebidas alcoólicas	marisco	queijo
alcoholic beverages	shellfish	cheese
bebidas quentes	pastelaria/doces	refrescos
hot beverages	confectionery/	cold drinks
caça	desserts	serviço incluído
game	salgados	tip included
cocktails	savouries	sobremesas
cocktails	prato do dia	desserts
entradas (quentes/frias)	dish of the day	sopas
hot/cold starters	prato principal	soups
especialidades	main course	
(regionais)	pratos de carne	
(regional) specialities	meat courses	

.7 Alphabetical list of drinks and dishes

açorda/camaróes	ameixas secas	batido de...
à milanesa com	prunes	...milkshake
alho	amêndoas	bebidas alcoólicas
prawns with	almonds	alcoholic beverages
garlic and	ananás	bebidas frescas/
breadcrumbs	pineapple	quentes
açúcar	anchova	cool/hot drinks
sugar	anchovy	beringela
agua mineral	aniz	eggplant
sem/com gás	aniseed	bica
sparkling/still	aperitivos	coffee - espresso
mineral water	aperitives	bife
aguardente	arroz	steak
brandy	rice	bife do lombo
alcachofra	assado	sirloin steak
artichoke	roast	bolachas
alcaparras	atum	biscuits
capers	tuna	bolo
alface	avelã	bun
lettuce	hazelnut	bolo de chocolate
alho	azeitonas	chocolate bun
garlic	olives	cabrito
alho francês	bacalhão	kid
leek	cod (dried)	café (com leite)
almôndegas	banana	coffee (white)
meatballs	banana	caldeirada
amêijoas	batatas fritas	stew
clams	French fries	camarões grandes
ameixas	batatas	prawns
plums	potatoes	camarões
		shrimps

canja — broth
caracóis — snails
caranguejo — crab
carioca — coffee - weak, without milk
carne — meat
carne de porco — pork
carne picada — ground beef
castanhas — chestnuts
cebola — onion
cebolinha — shallot
cenouras — carrots
cerejas — cherries
cerveja — beer
chá — tea
chantilly — cream (whipped)
chouriço — smoked preserved sausage
cocktails — cocktails
codorniz — quail
coelho — rabbit
cogumelos — mushrooms
costeleta — cutlet
costeleta de porco — pork chop
couve — cabbage
couve-flor — cauliflower
cozido — stew
cravinho — clove
crepes — crepes
croquetes (de carne) — croquettes (meat)
cru — raw
talheres — cutlery
dobrada — tripe
doce — sweet (dessert)
entradas — starters
ervas — herbs
ervilhas — peas
espargos — asparagus
esparguete — spaghetti
especialidades da região — regional specialities
especiarias — spices
espinafre — spinach
farinha — flour
favas — broad beans
feijão branco/ encarnado/frade/ verde — beans: haricot/ kidney/ green
fiambre — ham
fígado — liver
figo — fig
filé — fillet steak
filete — fillet
filé de vitela — fillet of veal
framboesas — raspberries
frango — chicken
frango no churrasco — barbecued chicken
frito — fried
fruta (da época) — fruit (of the season)
frutos do mar — seafood
fumado — smoked
galão — coffee - large white
gaspacho — chilled soup (tomato and cucumber)
gelado — ice cream
gelo — ice
grão — chick pea
grelhado — grilled
groselhas — red currants
guisado — stew
imperial — draft beer
iogurte — yogurt
língua-de-vaca — tongue
lagosta — lobster
lagostim — crayfish
laranjas — oranges
legumes — vegetables
leite gordo/meio magro/magro — milk - full cream/ semi skimmed/ skimmed
lentilhas — lentils
licor — liqueur
limão — lemon
limonada — lemonade

Eating out

Eating out

linguado sole
lista de vinho wine list
lombo de porco loin of pork
lombo de vaca sirloin steak
lulas squid
maçã apple
mal passado (bife) rare (beef)
manteiga butter
maracujá passion fruit
margarina margerine
mariscos shellfish
marmelada jam
melão melon
mexilhões mussels
milho sweet corn
miolos sweetbreads
morangos strawberries
morcela black sausage pudding
mostarda mustard
mousse de chocolate chocolate mousse
nata cream
nozes nuts
omeleta omelette
ostras oysters
ovo quente/cozido/ estrelado/escalofado/ mexido egg - soft/hard/fried/ poached/scrambled
pão bread
pãozinho roll
pêra pear
pêssego peach
paio smoked sausage
panqueque pancake
pargo sea bream
passas raisins
pastel de nata small custard tart
pastelaria pastry
pato duck
peito breast
peixe fish
peixe frito (carapau) small fried fish similar to whitebait
peixe espada swordfish
pepino cucumber
perdiz partridge
perna de borrego leg of lamb
perú turkey
pescada whiting
pimenta pepper (condiment)
pimento green/red pepper
pizza pizza
polvo octopus
prato do dia dish of the day
prato frio/quente cold/hot course
prato principal main course
presunto parma ham
pudim pudding
pudim flan creme caramel
queijo cheese
rabanete radish
recheado filled, stuffed
rissol rissole
robalo sea bass
rodovalho turbot
rosbife roast beef
sal salt
salada salad
salada russa salad with mayonnaise
salgadinhos appetizers/snacks
salgado/doce snack/dessert
salmão salmon
salmão fumado smoked salmon
salmonete red mullet
salsa parsley
sandes sandwich
sardinhas sardines
seco dry
serviço (não) incluído tip (not) included
sobremesa dessert
sopa soup
sopa de cebola onion soup
sopa de feijão bean soup

sumo de fruta	fruit juice
sumo de laranja	orange juice
sumo de limão	lemon juice
tâmara	fig
tamboril	monk fish
tarte de maçã	apple tart
tomate	tomato
tomilho	thyme
torrada	toast
tosta mista	toasted cheese and ham sandwich
toucinho	bacon
truta	trout
truta salmoneja	salmon trout
uvas	grapes
vitela	veal
veado	venison
vinagre	vinegar
vinho branco	white wine
vinho rosé	rosé wine
vinho tinto	red wine
xerez	sherry

Eating out

On the road

5.1	**A**sking for directions	43
5.2	**C**ustoms	44
5.3	**L**uggage	45
5.4	**T**raffic signs	46
5.5	**T**he car	46
	The parts of a car	*48–49*
5.6	**T**he gas station	46
5.7	**B**reakdown and repairs	47
5.8	**T**he bicycle/moped	51
	The parts of a bicycle	*52–53*
5.9	**R**enting a vehicle	51
5.10	**H**itchhiking	54

5 On the road

5.1 Asking for directions

Excuse me, could I ask you something?	Desculpe, posso-lhe fazer uma pergunta? *deshcoolp possoo lher fazair ooma pergoonta?*
I've lost my way	Perdi-me *perdee muh*
Is there a(n)... around here?	Conhece um...perto daqui? *coonyes oom...pairtoo dakee?*
Is this the way to...?	É este o caminho para...? *eh esht oo cameenyoo parra...?*
Could you tell me how to get to the... (name of place) by car/on foot?	Poderia dizer-me como devo fazer para ir para...a pé/de carro? *pooderia dizair muh como dayvoo fazair parra eer parra...ah peh/duh cahroo?*
What's the quickest way to...?	Como é que chego o mais depressa possível a...? *como eh kuh chaygoo oo mysh depressa posseevel ah...?*
How many kilometers is it to...?	Quantos quilómetros faltam ainda para chegar a...? *cuarntoosh keelometroosh faltam ayeenda parra sheggar ah...?*
Could you point it out on the map?	Poderia indicar-me aqui no mapa? *pooderiah eendiccar muh akee noo mappa?*

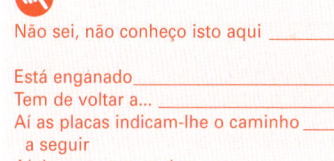

Não sei, não conheço isto aqui	I don't know, I don't know my way around here
Está enganado	You're going the wrong way
Tem de voltar a...	You have to go back to...
Aí as placas indicam-lhe o caminho a seguir	From there on just follow the signs
Aí deve perguntar de novo	When you get there, ask again

em frente straight ahead	cruzamento intersection	passagem de nível; cancelas grade crossing
à esquerda left	estrada street	placa indicando o caminho à... sign pointing to...
à direita right	semáforo traffic light	ponte bridge
cortar turn	placa de trânsito `cruzamento com prioridade' `yield' sign	seta arrow
seguir follow	rio river	
atravessar cross		

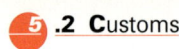.2 Customs

● **Documents**: valid passport, visa. For car and motorcycle: valid US driving license and registration document, insurance document, green card, US registration plate. Trailer: must be entered on the green card and be driven with the same registration number. An inventory in either Portuguese, English or French of its contents must be available to show customs. A warning cone, headlight converters and extra headlight bulbs must be carried. Insurance should also be upgraded.
Import and export specifications:
– Foreign currency: no restrictions
– Alcohol (if aged 17 and above): 10 liters of spirits and 90 liters of wine. Tobacco (if aged 17 and above): 800 cigarettes, 200 cigars or a kilo of tobacco. Restricted to personal consumption only.

O seu passaporte, se faz favor	Your passport, please
A carta verde, se faz favor	Your green card, please
O livrete, se faz favor	Your vehicle documents, please
O seu visto, se faz favor	Your visa, please
Para onde vai?	Where are you heading?
Quanto tempo pensa ficar?	How long are you planning to stay?
Tem alguma coisa a declarar?	Do you have anything to declare?
Pode abrir isto?	Open this, please

My children are entered on this passport	Os meus filhos estão inscritos neste passaporte *oosh mayoosh feelyoosh eshtau eenshcreetoosh nest passaport*
I'm travelling through	Estou de passagem *eshtoe duh passarjaim*
I'm going on vacation to...	Vou de férias para... *voe duh ferriash parra...*
I'm on a business trip	Estou em viagem de negócios *eshtoe aim veearjaim duh neggossioosh*
I don't know how long I'll be staying yet	Ainda não sei quanto tempo fico *ayeenda now say cuarntoo tempoo feecoo*
I'll be staying here for a weekend	Fico aqui um fim-de-semana *feecoo akee oom feem duh semarna*
– for a few days	Fico aqui uns dias *feecoo akee unsh deeash*
– for a week	Fico aqui uma semana *feecoo akee ooma semarna*
– for two weeks	Fico aqui duas semanas *feecoo akee dooash semarnash*
I have nothing to declare	Não tenho nada a declarar *now tenyoo narda a declarar*
I've got...with me	Trago comigo... *trargoo comeegoo...*

– ...cartons of cigarettes ___	Trago comigo um pacote de cigarros
	trargoo comeegoo oom pacott de sigaroosh
– ...bottles of... ___	Trago comigo uma garrafa de...
	trargoo comeegoo ooma garrafa duh...
– some souvenirs ___	Trago comigo algumas lembranças
	trargoo comeegoo algoomash lembransash
These are personal effects	Estas são coisas pessoais
	eshtash sow coyzash pessooaish
These are not new	Estas coisas não são novas
	eshtash coyzash now now novash
Here's the receipt ___	Aqui está o recibo
	akee eshtah oo receeboo
This is for private use ___	Isto é para uso pessoal
	eeshtoo eh parra oozoo pessooarl
How much import duty do I have to pay?	Quanto tenho de pagar de direitos?
	cuarntoo tenyoo duh pagar duh diraytoosh?
Can I go now? ___	Posso ir agora?
	possoo eer agoora?

5.3 Luggage

Porter! ___	Bagageiro!/Carregador!
	bagajayroo!/carreggadoor!
Could you take this luggage to...?	Podia levar esta bagagem para..., se faz favor?
	poodia levvar eshtah bagarjaim parra..., suh faj favvor?
How much do I owe you?	Quanto lhe devo?
	cuarntoo lyer dayvoo?
Where can I find a luggage cart?	Onde estão os carrinhos para a bagagem?
	onde eshtau oosh careenyoosh parra ah bagarjaim?
Could you store this luggage for me?	Posso colocar esta bagagem no depósito?
	possoo coloocar eshta bagarjaim noo depositooo?
Where are the luggage lockers?	Onde estão os cofres para bagagens?
	ond eshtau oosh coffresh parra bagarjaim?
I can't get the locker open	Não consigo abrir este cofre
	nau conseegoo abreer esht coffre
How much is it per item per day?	Quanto custa um volume por dia?
	cuarntoo cooshta oom vooloom por deah?
This is not my bag/suitcase	Isto não é o meu saco/a minha mala
	eeshtoo now eh oo mayoo sarcoo/ah meenya mala
There's one item/bag/suitcase missing still	Ainda falta um volume/um saco/uma mala
	ayeenda falta oom vooloom/oom sarcoo/ooma mala
My suitcase is damaged ___	A minha mala está danificada
	ah meenya mala eshtah daneefeecarda

5.4 Traffic signs

aberto — open	desvio — detour	neve — snow
animais cruzando — animals crossing	devagar — slow down	nevoeiro — fog
auto-estrada (com portagem) — highway (with tolls)	espere — wait	obras — road works
bermas baixas — low hard-shoulder	estacionamento — parking	passagem de nível (sem guarda) — grade crossing (unmanned)
bifurcação — road fork	estacionamento proibido — no parking	perigo — danger
centro da cidade — city center	estrada em mau estado — irregular road surface	portagem — toll
circule pela direita — keep right	estrada interrompida — no through road	posto de primeiros socorros — first aid post
circule pela esquerda — keep left	estrada nacional — main road	saída — exit
cruzamento perigoso — dangerous intersection	excepto — except	sentido único — one-way street
cuidado — caution	fechado — closed	vedado ao trânsito — road closed
curva a...quilómetros — road curves in... kilometers	fim de... — end of...	veículos pesados — heavy vehicles/trucks
curva perigosa — dangerous curve	fim de obras — end of roadworks	velocidade máxima — maximum speed
dê passegem — yield	gelo — ice on road	via de acesso — access only

5.5 The car

See the diagram on page 49.

● **Particular traffic regulations:**
– maximum speed for cars:
 120km/h on highways
 90km/h outside built-up areas/town centers
 60km/h in town centers
– yield: traffic on the main road has priority, but at intersections of equal priority traffic from the right has priority.

5.6 The gas station

● **Gas is** more expensive in Portugal than in many other European countries. Portugal has a good network of highway service stations and filling stations, most of which accept payment by credit card.

How many kilometers to the next gas station, please?	Quantos quilómetros faltam para a próxima bomba de gasolina? *cuarntoosh keelometroosh faltam parra ah prossima bomba de gasooleena?*

I would like...liters of...,	Quero...litros de...
	kairoo...leetroosh duh...
– super	Quero...litros de gasolina super
	kairoo...leeroosh duh gazooleena super
– leaded	Quero...litros de gasolina normal
	kairoo...leetroosh duh gazooleena normal
– unleaded	Quero...litros de gasolina sem chumbo
	kairoo...leetroosh duh gazoleena saim shoomboo
– diesel	Quero...litros de gasóleo
	kairoo...leetroosh duh gazollio
I would like...escudos' worth of..., please	Quero...escudos de..., se faz favor
	kairoo...eshcoodoosh duh..., suh faj favvor
Fill her up, please	Encha se faz favor
	ensha suh faj favvor
Could you check...?	Não se importava de ver...?
	now se importarva duh vair...?
– the oil level	Não se importava de ver o nível do óleo?
	now se importarva duh vair oo neevel doo ollio?
– the tire pressure	Não se importava de ver a pressão dos pneus?
	now se importarva duh vair ah pressow doosh penayoosh?
Could you change the oil, please?	Podia mudar o óleo?
	poodia moodar oo ollio?
Could you clean the windows/the windshield, please?	Podia limpar os vidros/o pára-brisas?
	poodia leempar oosh vidroosh/oo parra-breezash?
Could you wash the car, please?	Podia dar uma lavagem ao carro?
	poodia dar ooma lavarjaim ow cahroo?

5.7 Breakdown and repairs

I'm having car trouble. Could you give me a hand?	Tenho uma avaria. Poderia ajudar-me?
	tenyoo ooma avveriah. pooderia ajoodar-muh?
I've run out of gas	Estou sem gasolina
	eshtoe saim gazoleena
I've locked the keys in the car	Deixei as chaves dentro do carro
	dayshay ash sharvesh dentroo doo cahroo
The car/motocycle/ moped won't start	O carro/a mota/a motorizada não arranca
	oo cahroo/ah motta/ah motoreezarda now aranca
Could you contact the road service for me, please?	Poderia avisar o pronto socorro da ACP?
	pooderia aveezar oo prontoo socoroo da ey say pay?
Could you call a garage for me, please?	Poderia telefonar para uma oficina?
	pooderia telefonar parra ooma offeeseena?

On the road

The parts of a car
(the diagram shows the numbered parts)

1	battery	bateria	batteria
2	rear light	luz da retaguarda	looj da rettagwarda
3	rear-view mirror	espelho retrovisor	eshpelyoo retrooveesor
	backup light	farol de marcha atrás	farol duh marcha atraj
4	aerial	antena	antenna
	car radio	rádio	rahdioo
5	gas tank	depósito de gasolina	depozitoo duh gazooleena
6	spark plugs	velas	vellash
	fuel filter/pump	filtro/bomba de gasolina	feeltroo/bomba duh gazooleena
7	side mirror	espelho exterior	eshpelyoo eshterrior
8	bumper	pára-choques	para shocksh
	carburetor	carburador	carbooradoor
	crankcase	cárter	cartair
	cylinder	cilindro	seeleendroo
	ignition	platinados	platteenardoosh
	warning light	luz de controle	l ooj duh controal
	generator	dínamo	deenamoo
	accelerator	acelerador	asselleradoor
	handbrake	travão de mão	travow duh mau
	valve	válvula	vallvoola
9	muffler	silenciador	seelenciadoor
10	trunk	mala	marla
11	headlight	farol da frente	faroll da frent
	crank shaft	eixo da manivela	ayshoo da manivela
12	air filter	filtro do ar	feeltroo doo ar
	fog lamp	faróis de nevoeiro	faroysh duh nevooayroo
13	engine block	motor	mottor
	camshaft	árvore de cames	arvora duh camesh
	oil filter/pump	filtro/bomba do óleo	feeltroo/bomba doo ollio
	dipstick	vareta	varetta
	pedal	pedal	pedarl
14	door	porta	porta
15	radiator	radiador	raddiadoor
16	brake disk	disco do travão	deeshcoo doo travow
	spare wheel	roda sobresselente	rodda sobresallent
17	indicator	pisca-pisca	peeshca-peeshca
18	windshield wiper	limpa pára-brisas	leempa parra-breezash
19	shock absorbers	pára-choques	parra shocksh
	sunroof	janela do tejadilho	janella doo taijadeelhoo
	spoiler	spoiler	spoiler
	starter motor	motor de arranque	motor di arrank
20	steering column	caixa de direcção	caisha duh deeresow
21	exhaust pipe	tubo de escape	tooboo duh eshcape
22	seat belt	cinto de segurança	seentoo duh seguransa
	fan	ventoinha	ventooeenya
23	distributor cables	cabos conductores	carboosh condootoresh

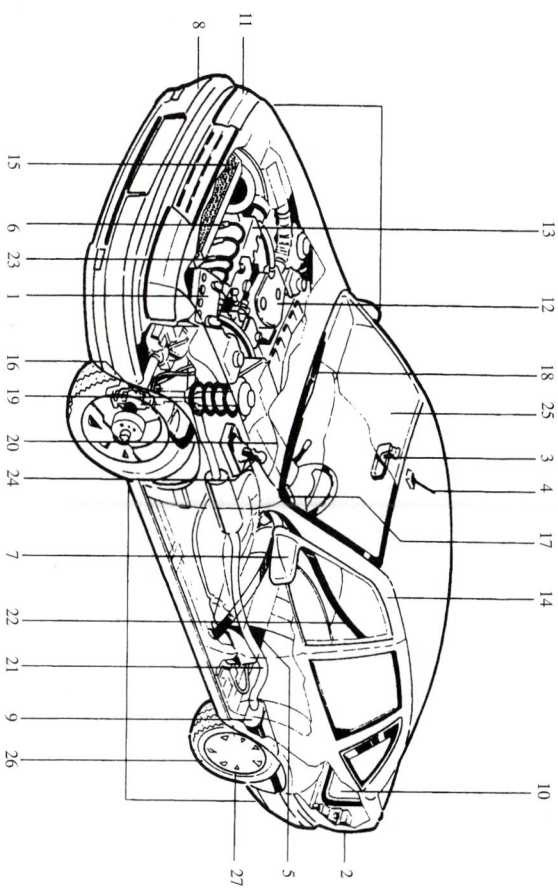

5 On the road

24 gear shift	alavanca das mudanças	alavanca dash moodansash
25 windshield water pump	pára-brisas bomba de água	parra breezash bomba de agwa
26 wheel	roda	rodda
27 hubcap	tampo de roda	tampoo duh rodda
piston	êmbolo	aimboloo

On the road

Could you give me a lift to...?	Posso ir consigo até a...?
	possoo eer conseegoo atay ah...?
– a garage/into town?	Posso ir consigo até a uma oficina/à cidade?
	possoo eer conseegoo atay ooma offiseena/ah sidarda?
– a phone booth?	Posso ir consigo até a uma cabine telefónica?
	Possoo eer conseegoo atay ooma cabeen telefonica?
– an emergency phone?	Posso ir consigo até a um telefone de urgência?
	possoo eer conseegoo atay ah oom telefon duh urgencia?
Can we take my bicycle/moped?	Posso levar também a minha bicicleta/motorizada?
	possoo levar tambaim ah meenya beeceecleta/motoreezarda?
Could you tow me to a garage?	Poderia rebocar-me até a uma garagem?
	pooderia reboocar-muh atay ooma gararjaim?
There's probably something wrong with... (See page 48)	Creio que há algum problema com...
	crayoo kuh ha algoom prooblema com...
Can you fix it?	Poderia consertar isso?
	pooderia consertar eesoo?
Could you fix my tire?	Poderia consertar-me o pneu?
	pooderia consertar-muh oo punayoo?
Could you change this wheel?	Poderia mudar esta roda?
	pooderia moodar eshta rodda?
Can you fix it so it'll get me to...?	Poderia arranjar isto de maneira que possa seguir até...
	pooderia arranjar eeshtoo duh manayra kuh possoo segear atay...
Which garage can help me?	Que oficina poderá me ajudar?
	kay offiseena poodera muh ajoodar?
When will my car/bicycle be ready?	Quando o meu carro/a minha bicicleta fica pronto/pronta?
	cuarndoo oo mayoo cahroo/ah meenya beeseeclaytah feeca prontoo/pronta?
Can I wait for it here?	Posso esperar aqui?
	possoo eshpairar akee?
How much will it cost?	Quanto é que vai custar?
	cuarntoo eh kuh vy cooshtar?
Could you itemize the bill?	Poderia especificar a factura?
	pooderia eshpeceefeecar ah fatoora?
Can I have a receipt for the insurance?	Pode dar-me um recibo para a companhia de seguros?
	pod dar muh oom receeboo parra ah companyeea duh segooroosh?

Não tenho peças para o seu carro/a sua bicicleta _____	I don't have parts for your car/bicycle
Tenho de ir buscar as peças em outro lugar _____	I have to get the parts from somewhere else
Tenho de encomendar as peças _____	I have to order the parts
Isto leva meio-dia _____	That'll take half a day
Isto dura um dia _____	That'll take a day
Isto dura uns dias _____	That'll take a few days
Isto dura uma semana _____	That'll take a week
O seu carro vai para a sucata _____	Your car is a write-off
Já não há nada a fazer _____	It can't be repaired.
O carro/a mota/a motorizada está pronto/pronta às...horas _____	The car/motorcycle/moped/bicycle will be ready at... o'clock.

.8 The bicycle/moped

See the diagram on page 53.

● **Cycling/riding mopeds** on the roads can be dangerous in Portugal as riders are largely disregarded by motorists, but there are some interesting off-road tracks (unmarked). Rented bicycles are few and far between so it is advisable for visitors to bring their own – and a crash helmet.

.9 Renting a vehicle

I'd like to rent a... _____	Eu gostaria de alugar um...
	eyoo goshtaria duh aloogar oom...
Do I need a (special) license for that? _____	Preciso de ter uma carta de condução especial?
	preseezoo duh tair ooma carta duh condoosow eshpessial?
I'd like to rent the...for... _____	Gostaria de alugar o...por...
	gostaria duh aloogar oo...por...
– one day _____	Gostaria de alugar o...por um dia
	gostaria duh aloogar oo...por oom deeah
– two days _____	Gostaria de alugar o...por dois dias
	gostaria duh aloogar oo...por doysh deeash
How much is that per day/week? _____	Quanto custa por dia/por semana?
	cuarntoo cooshta por deeah/por semarna?
How much is the deposit? _____	Quanto é o depósito?
	cuarntoo eh oo depozeetoo?
Could I have a receipt for the deposit? _____	Pode dar-me um recibo do depósito?
	pod dar muh oom resseeboo doo depozeetoo?
How much is the surcharge per kilometer? _____	Quanto tenho a pagar por cada quilómetro extra?
	cuarntoo tenyoo ah paggar por carda keelometroo estra?
Does that include gas? _____	A gasolina está incluída?
	ah gazooleena eshtah eenclooeeda?
Does that include insurance? _____	O seguro está incluído?
	oo segooroo eshtah eenclooeedoo?

On the road

The parts of a bicycle
(the diagram shows the numbered parts)

1 rear light	luz da retaguarda	ooj da retagwarda
2 rear wheel	pneu de trás	penayoo duh traj
3 (luggage) carrier	porta bagagem	porta bagarjaim
4 bicycle fork	caixa de esferas	caysha di eshfairash
5 bell	campainha	campyeenya
inner tube	câmara de ar	camera di ar
tire	pneu	penayoo
6 crank	crenque	crenk
7 gear change	alavanca das velocidades	alavanca dash velocidardesh
wire	fio	feeoo
generator	dínamo	deenamoo
bicycle trailer	atrelado para bicicleta	atrellardoo parra beeceeclayta
frame	quadro	cuardroo
8 dress guard	protector (de vestuário)	prootetor (duh veshtooaryoo)
9 chain	corrente	coorent
chain guard	caixa de corrente	caisha duh coorent
chain lock	cadeado de corrente	caddayardoo duh coorent
odometer	conta quilometros	conta keelometroosh
child's seat	cadeira para criança	caddayra parra criansa
10 headlight	farol	faroll
bulb	lâmpada	lamperdah
11 pedal	pedal	pedarl
12 pump	bomba	bomba
13 reflector	reflector	reflettor
14 brake shoe	bloco de travão	blocoo duh travow
15 brake cable	cabo de travão	carboo duh travow
16 ring lock	cadeado de algema	cadeeardoo duh aljayma
17 carrier straps	elásticos de porta bagagem	lashteecoosh duh porta bagarjaim
tachometer	velocimetro	velossimetroo
18 spoke	raio	rayoo
19 mudguard	guarda-lamas	gwarda lamash
20 handlebar	guiador	guiadoor
21 chain wheel	roda de lentes	rodda duh lentesh
toe clip	gancho	ganshoo
22 crank axle	eixo de pedal	aischoo duh pedarl
drum brake	jante	jant
23 valve	pipo de válvula	peepoo duh valvoola
24 valve tube	pipo de borracha	peepoo duh borrasha
25 gear cable	cabo de velocidades/ de engrenagem	carboo duh velossidardesh/duh engrenarjaim
26 fork	forqueta	forketta
27 front wheel	roda de frente	rodda duh frent
28 seat	selim	selleem

On the road 5

5 On the road

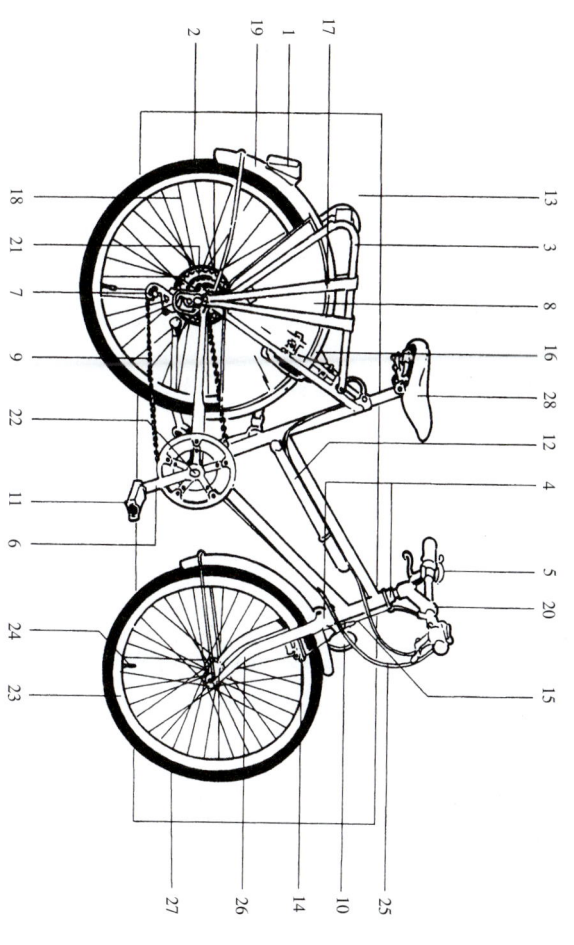

What time can I pick the...up tomorrow?	A que horas posso passar amanhã para vir buscar o/a ...?
	ah kay orash possoo passar ahmarnyar parra veer booshcar oo/a ...?
When does the...have to be back?	Quando tenho de vir entregar o/a ...?
	cuarndoo tenyoo duh veer entreggar oo/a ...?
Where's the gas tank?	Onde está o depósito?
	ond eshtah oo depozeetoo?
What sort of fuel does it take?	Que tipo de combustível consome?
	kuh teepoo duh combushteevel consom?

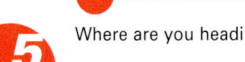 .10 Hitchhiking

Where are you heading?	Para onde vai?
	parra ond vy?
Can I come along?	Posso ir consigo?
	possoo eer conseegoo?
Can my boyfriend/ girlfriend come too?	O meu amigo/a minha amiga também pode ir?
	oo mayoo ameegoo/ah meenya ameega tambaim pod eer?
I'm trying to get to...	Vou para...
	voe parra...
Is that on the way to...?	Fica em caminho à...?
	feeca aim cameenyoo ah...?
Could you drop me off...?	Poderia deixar-me em...?
	pooderia dayshar muh aim...?
– here?	Poderia deixar-me aqui?
	pooderia dayshar muh akee?
– at the...exit?	Poderia deixar-me quando se corta para...
	pooderia dayshar muh cuarndoo se corta parra...
– in the center?	Poderia deixar-me no centro?
	pooderia dayshar muh noo centroo?
– at the next rotary?	Poderia deixar-me na próxima rotunda?
	pooderia dayshar muh na prosseema rotoonda?
Could you stop here, please?	Importa-se de parar aqui, se faz favor?
	importas duh parar akee suh faj favvor?
I'd like to get out here	Gostaria de descer aqui
	gostaria duh deshsair akee
Thanks for the lift	Muito obrigado pela boleia
	mueentoo obrigahdoo pella boolay

Public transportation

- **6.1** In general — 56
- **6.2** Questions to passengers — 57
- **6.3** Tickets — 58
- **6.4** Information — 59
- **6.5** Airplanes — 60
- **6.6** Trains — 61
- **6.7** Taxis — 61

Public transportation

6.1 In general

● In addition to the rather sparse Portuguese rail network, there is a comprehensive long distance coach service with good connections between north Portugal and the Algarve and between most towns and cities. The Portuguese capital, Lisbon, is well-served by its bus network, taxis, river ferries, a small underground railway (undergoing expansion) and special lifts/funiculars for getting up and down the city's seven hills.

Announcements

O comboio para..., das 10:40 horas tem um atraso de 15 minutos	The 10:40 train to...has been delayed by 15 minutes
Na linha 5 vai chegar o comboio das 10:40 para.../de...	The train now arriving at platform 5 is the 10:40 train to.../from...
Da linha 5 vai sair o comboio das 10:40 para...	The 10:40 train to...is about to leave from platform 5
Estamos à chegar à estação...	We're now approaching... station

Where does this train go to?	Para onde vai este comboio? *parra ond vy esht comboyoo?*
Does this boat go to...?	Este barco vai para...? *esht barcoo vy parra...?*
Can I take this bus to...?	Posso tomar este autocarro para ir para...? *possoo toomar esht owtoocahroo parra eer parra...?*
Does this train stop at...?	Este comboio pára em...? *esht comboyoo para aim...?*
Is this seat taken/free/reserved?	Este lugar está ocupado/livre/reservado? *esht loogar eshtar ocoopardoo/leevre/rezairvardoo?*
I've reserved...	Reservei... *reservay...*
Could you tell me where I have to get off for...?	Pode dizer-me onde devo sair para...? *pod deezair muh ond dayvoo sayeer parra...?*
Could you let me know when we get to...?	Podia avisar-me quando chegarmos a...? *poodia aveezar-muh cuarndoo shegarmoosh ah...?*
Could you stop at the next stop, please?	Podia parar na próxima paragem, se faz favor? *poodia parrar nah prosseema pararjaim, suh faj favvor?*

Where are we now?	Onde estamos?	ond eshtarmoosh?
Do I have to get off here?	Tenho de sair aqui?	tenyoo duh sayeer akee
Have we already passed...?	Já passámos por...?	jah passarmoosh por...
How long have I been asleep?	Quanto tempo é que dormi?	cuarntoo tempoo eh kuh dormee?
How long does... stop here?	Quanto tempo fica...aqui parado?	cuarntoo tempoo feeca...akee parardoo?
Can I come back on the same ticket?	Também posso voltar com este bilhete?	tambaim posso voltar com esht beelyet?
Can I change on this ticket?	Posso mudar com este bilhete?	possoo moodar com est beelyet?
How long is this ticket valid for?	Quanto tempo é que este bilhete é válido?	cuarntoo tempoo eh kuh esht beelyet eh vallydoo?

6.2 Questions to passengers

Ticket types

Primeira ou segunda classe?	First or second class?
Só ida ou ida e volta?	Single or return?
Fumadores ou não?	Smoking or nonsmoking?
Janela ou coxia?	Window or aisle?
A frente ou atrás?	Front or back?
Lugar sentado ou cama?	Seat or berth?
Em cima, no meio ou em baixo?	Top, middle or bottom?
Turística ou primeira classe?	Tourist class or business class?
Camarote ou cadeira?	Cabin or seat?
Para pessoa só ou casal?	Single or double?
Quantas pessoas viajam?	How many are traveling?

Destination

Para onde deseja ir?	Where do you wish to go?
Quando deseja partir?	When do you wish to leave?
O seu...parte às...	Your...leaves at...
Tem de fazer transbordo	You have to change trains/coaches
Tem de sair em...	You have to get off at...
Tem de fazer escala por...	You have to travel via...
A partida é no dia...	The outward journey is on...
O regresso é no dia...	The return journey is on...
Tem de estar a bordo das...no máximo	You have to be on board by...

Public transportation

Inside the train, coach, ship

O seu bilhete, se faz favor	Your ticket, please
A sua marcação, se faz favor	Your reservation, please
O seu passaporte, se faz favor	Your passport, please
Não está sentado no seu lugar	You're in the wrong seat
Está sentado no...errado	You're on/in the wrong...
Este lugar está reservado	This seat is reserved
Tem de pagar uma taxa	You'll have to pay an extra fare
Tem um atraso de...minutos	There is a delay of...minutes

6.3 Tickets

Where can I...? Onde é que posso...?
onde eh kuh possoo...?

– buy a ticket? Onde é que posso comprar um bilhete?
onde eh kuh possoo comprar oom beelyet?

– make a reservation? Onde é que posso reservar um lugar?
onde eh kuh possoo rezairvar oom loogar?

– reserve a flight? Onde é que posso marcar um vôo?
onde eh kuh possoo marcar oom voe?

Could I have a...to..., please? Queria um...para...?
kerria oom...para...?

– a single Queria um bilhete só de ida para...?
kerria oom beelyet soh duh eeda parra...?

– a return Queria um bilhete de ida e volta para...?
kerria oom beelyet duh eeda e volta parra...?

first class primeira classe
preemayra clahs

second class segunda classe
segoonda clahs

tourist class classe turística
clahs tooreeshteeca

business class classe de negócios
clahs duh negossyoosh

I'd like to reserve a seat/berth/cabin Queria reservar um lugar/uma cama/um camarote
kerria rezairvar oom loogar/ooma camma/oom cammarot

I'd like to reserve a berth in the sleeping car Queria reservar um lugar na carruagem-cama
kerria rezairvar oom loogar na carrooarjaim camma

top/middle/bottom em cima/no meio/em baixo
aim seema/noo mayoo/aim byshoo

smoking/no smoking fumadores/não fumadores
foomadoresh/now foomadoresh

by the window à janela
ah janella

single/double	individual/duplo
	indeeveedual/dooploo
at the front/back	à frente/atrás
	ah frent/ah traj
There are...of us	Somos...pessoas
	somush...pessoash
a car	um carro
	oom cahroo
a trailer	uma roulotte
	ooma roolot
...bicycles	...bicicletas
	...beeseeclaytash
Do you also have...?	Também tem...?
	tambaim taim...?
– season tickets?	Também tem um bilhete para várias viagens?
	tambaim taim oom beelyet parra varriash veearjainsh?
– weekly tickets?	Também tem passe semanal?
	tambaim taim pass semanal?
– monthly tickets?	Também tem um passe mensal?
	tambaim taim oom pass mensal?

6.4 Information

Where...?	Onde...?
	ond...?
Where's the information desk?	Onde são as informações?
	ond sow ash eenformasoynsh?
Where can I find a timetable?	Onde está o horário das partidas/chegadas?
	ond eshtah oo orareeoo dash parteedash/sheggardash?
Where's the...desk?	Onde é o guiché de...?
	ond eh oo geeshay duh...?
Do you have a city map with the bus/the subway routes on it?	Tem uma planta da cidade com a rede dos autocarros/do metropolitano?
	taim ooma planta dah sidarde com ah reyd dooz outoocahroosh/doo metropooleetarnoo?
Do you have a timetable?	Tem um horário?
	taim oom oraryoo?
I'd like to confirm/cancel/change my reservation for/trip to...	Queria confirmar/anular/alterar a marcação/viagem para...
	kerria confeermar/anoolar/alterar ah marcasow/veearjaim parra...
Will I get my money back?	O dinheiro é devolvido?
	oo deenyayroo eh devolveedoo?
I want to go to... How do I get there? (What's the quickest way there?)	Tenho de ir para...Qual é a viagem (mais rápida) para lá?
	tenyoo duh eer parra...cuarl eh ah veearjaim (mysh rappida) parra la?
How much is a single/return ticket to...?	Quanto custa um bilhete de ida/ida e volta para...?
	cuarntoo cooshta oom beelyet duh eeda e volta parra...?

Public transportation

Do I have to pay an extra fare?	Tenho de pagar suplemento? *tenyoo duh paggar sooplementoo?*
Can I interrupt my journey with this ticket?	Com este bilhete, posso interromper a viagem? *com esht beelyet possoo eenteromper ah veearjaim?*
How much luggage am I allowed?	Quantos quilos de bagagem posso levar? *cuarntoosh keeloosh duh bagarjaim possoo levar?*
Can I send my luggage in advance?	Posso enviar a minha bagagem com antecedência? *possoo enviar a meenya bagarjaim com antessidencia?*
Does this...travel direct?	Este...é directo? *esht...eh deeretoo?*
Do I have to change? Where?	Tenho de fazer transbordo? Onde? *tenyoo duh fazair transhboordoo? ond?*
Will there be any stopovers?	O avião faz escalas? *oo avvyiow faj eshcarlash?*
Does the boat stop at any ports on the way?	O navio pára em alguns portos? *oo naveeoo para aim algoonsh portoosh?*
Does the train/bus stop at...?	O comboio/camioneta pára em...? *oo comboyoo/camioonayta para aim...?*
Where should I get off?	Onde é que devo sair? *ond eh kuh dayvoo syer?*
Is there a connection to...?	Há ligação para...? *ah leegasow parra...?*
How long do I have to wait?	Quanto tempo tenho de esperar? *cuarnto tempoo tenyoo duh eshperrar?*
When does...leave?	Quando é que parte...? *cuarndoo eh kuh part...?*
What time does the first/next/last...leave?	A que horas é o primeiro/próximo/último...? *ah kay orash eh oo preemayroo/prosseemoo/oolteemoo...?*
How long does...take?	Quanto tempo leva...? *cuarntoo tempoo levva?*
What time does...arrive in...?	A que horas chega...a...? *ah kay orash shayga...ah...?*
Where does the...to...leave from?	Donde parte o...para...? *dond part oo...parra...?*
Is this...to...?	É este...para...? *eh esht...parra...?*

 **.5 Airplanes**

● **At a Portuguese airport** (*aeroporto*), you will find the following signs:

chegadas arrivals	voos domésticos domestic flights	alfândega customs
partidas departures	internacional international	

6.6 Trains

● **The Portuguese rail network** is still being developed and upgraded, but there are fast services between the main cities of Lisbon and Oporto.

6.7 Taxis

● **Metered taxis** are available in all cities and large towns and are usually black and green. In the smaller towns, it is usual to agree to a fixed price in advance as well as to check that the meter starts the trip at zero. An additional charge is normally payable for luggage, a journey at night and on sundays or public holidays, but Portuguese taxis are generally cheaper than taxis in the rest of Europe and the US.

---

livre	ocupado	praça de táxis
for hire	taken	taxi stand

Taxi!	Táxi!
	tarksy!
Could you get me a taxi, please?	Podia chamar um táxi?
	poodia shammar oom tarksy?
Where can I find a taxi around here?	Onde é que posso apanhar um táxi, aqui perto?
	ond eh kuh possoo apanyar oom tarksy akee pairtoo?
Could you take me to..., please?	Podia levar-me para..., se faz favor?
	poodia levah muh parra..., suh faj favvor?
– this address	Podia levar-me para esta morada, se faz favor?
	poodia levah muh parra eshta morrarda, suh faj favvor?
– the...hotel	Podia levar-me para o hotel..., se faz favor?
	poodia levah muh parra oo ohtel..., suh faj favvor?
– the town/center of the city	Podia levar-me para o centro, se faz favor?
	poodia levah muh parra oo sentroo, suh faj favvor?
– the station	Podia levar-me para a estação, se faz favor?
	poodia levah muh parra ah eshtasow, suh faj favvor?
– the airport	Podia levar-me ao aeroporto se faz favor?
	poodia levah muh ow ayroopoortoo, suh faj favvor?
How much is the trip to...?	Qual é o preço da viagem para...?
	cuarl eh oo praysoo dah veearjaim parra...?
How far is it to...?	Qual é a distância até...?
	cuarl eh ah deeshtarnsia atay...?
Could you turn on the meter, please?	Pode ligar o taxímetro, se faz favor?
	pod leegar oo tazkseemetroo, suh faj favvor?

Public transportation

I'm in a hurry	Estou com pressa
	eshtoe com pressa
Could you speed up/ slow down a little?	Podia guiar mais depressa/mais devagar?
	poodia guiar mysh depressa/mysh deevagar?
Could you take a different route?	Podia ir por outro caminho?
	poodia eer por ohtroo cameenyoo?
I'd like to get out here, please	Deixe-me ficar aqui, se faz favor
	daysh muh feecar akee, suh faj favvor
You have to go...here	Tem de ir aqui...
	taim duh eer akee...
You have to go straight here	Tem de ir aqui em frente
	taim duh eer akee aim frent
You have to turn left here	Tem de ir aqui à esquerda
	taim duh eer akee ah eshkairda
You have to turn right here	Tem de ir aqui à direita
	taim duh eer akee ah dirayta
This is it	É aqui
	eh akee
Could you wait a minute for me, please?	Podia esperar um momento?
	poodia eshperar oom moomentoo?

Public transportation **6**

Overnight accommodation

7.1	**G**eneral	64
7.2	**C**amping	65
	Camping equipment	*68–69*
7.3	**H**otel/B&B/apartment/ holiday rental	66
7.4	**C**omplaints	70
7.5	**D**eparture	71

Overnight accommodation

7.1 General

- **Hoteis (hotels):** these are classified according to the standard of comfort offered and range from five star de luxe to simple one star, priced accordingly. The same applies to aparthotels and motels.
Pousadas: these are extremely well-appointed state-owned hotels located either in historic buildings or areas of particular natural beauty.
Estalagens: these are usually restored buildings similar to *pousadas* but privately owned and offering a good level of accommodation.
Habitacões de Turismo: these offer short-stay accommodation in large and beautiful private residences similar to stately homes. The owners are often present and the level of comfort varies.
Pensões, residências, albergarias: these are usually less expensive and offer a lesser degree of comfort than the other forms of accommodation. They are also classified and sometimes visitors to Portugal may fare better in a highly classified *residência* or *albergaria* than in a low rated hotel.
Camping: camping away from the one hundred or so designated camp sites is not usually allowed.
Albergos da juventude: there are very few youth hostels in Portugal. There is no upper age limit. Advance reservation at peak times is advisable.

Quanto tempo quer ficar?	How long do you want to stay?
Preencha esta ficha, se faz favor	Fill out this form, please
Posso ver o seu passaporte?	Could I see your passport?
Tem de pagar um depósito	I'll need a deposit
Tem de pagar adiantado	You'll have to pay in advance

My name is... I've made a reservation (over the phone/by mail/by fax)	Chamo-me... Reservei um lugar/um quarto (pelo telefone/por escrito/por fax)
	shammoo muh...rezervay om loogar/oom cuartoo (pelloo telefon/poor eshcreetoo/poor fax)
How much is it per night/week/month?	Qual é o preço por noite/por semana/por mês?
	cuarl eh oo praysoo por noyt/por semarna/por mayge?
We'll be staying at least...nights/weeks	Ficamos pelo menos...noites/semanas
	feecarmoosh pello menoosh... noytsh/semarnash
We don't know yet	Ainda não sabemos precisamente
	ayeenda now sabbaymoosh preseezament
Do you allow pets (cats/dogs)?	É permitido trazer animais domésticos (cães/gatos)?
	eh pairmeeteedo trazair aneemysh doomeshteecoosh (caynsh/gartoosh)?

What time does the _____ gate/door open/close?	A que horas abrem/fecham a cancela/a porta?
	ah kay orash abraim/feysham ah cancella/ah porta?
Could you get me _____ a taxi, please?	Poderia mandar vir um táxi?
	pooderia mandar veer oom tacksy?
Is there any mail _____ for me?	Há correio para mim?
	ah coorayoo parra meem?

 .2 Camping

See the diagram on page 69.

Pode escolher o seu lugar _____	You can pick your own site
Nós lhe indicamos um lugar _____	You'll be allocated a site
Este é o número do seu lugar _____	This is your site number
Importa-se de colar isto no seu carro?___	Stick this on your car, please
Não perca este cartão _____	Please don't lose this card

Where's the manager?_____	Onde está o responsável?
	ond eshtah oo reshponsarvel?
Are we allowed to _____ camp here?	Podemos acampar aqui?
	poodaymoosh acampar akee?
There are...of us and we ___ have...tents	Somos...pessoas e temos...tendas
	somoosh...pessoash e taymoosh...tendash
Can we pick our _____ own site?	Nós próprios podemos escolher um lugar?
	nosh propreeoosh poodaymoosh eshcoolyair oom loogar?
Do you have a quiet _____ spot for us?	Poderia dar-nos um lugar tranquilo?
	pooderia dar noosh oom loogar trankeeloo?
Do you have any other ____ sites available?	Não tem um outro lugar livre?
	now taim oom ohtroo loogar leevre?
It's too windy/sunny/ _____ shady here.	Aqui há muito vento/sol/muita sombra
	akee ah mweentoo ventoo/sol/mweenta sombra
It's very crowded here _____	Há muita gente
	ah mweenta jent
The ground's too _____ hard/uneven	O chão aqui é muito duro/desigual
	oo shau akee eh mueentoo dooroo/deseegaurl
Do you have a level _____ spot for the camper/ trailer/folding trailer?	Poderia arranjar um lugar plano para o reboque/a rulote/o trailer?
	pooderia arranjar oom loogar plarnoo parra oo rabok/a roolot/oo trailer?
Could we have adjoining __ sites?	Podemos ficar juntos?
	poodaymoosh feecar joontoosh?
Can we park the car _____ next to the tent?	Pode-se estacionar o carro perto da tenda?
	pod suh eshtasionar oo cahroo pairtoo da tenda?

How much is it per person/tent/trailer/car	Quanto custa por pessoa/tenda/rulote/carro? *cuarntoo cooshta por pessoah/tenda/roolot/cahroo?*
Are there any...?	Há...? *ah...?*
– hot showers?	Há duches com água quente? *ah dooshesh com agwa kent?*
– washing machines?	Há máquinas de lavar? *ah markeenash duh lavar?*
Is there a...on the site?	Há neste parque um...? *ah nesht park oom...?*
Is there a children's play area on the site?	Há neste parque um jardim infantil? *ah nesht park oom jardeem eenfanteel?*
Are there covered cooking facilities on the site?	Há neste parque um lugar coberto para cozinhar? *ah nesht park oom loogar coobairtoo parra coozeenyar?*
Can I rent a safe here?	Posso alugar um cofre? *possoo alloogar oom cofre?*
Are we allowed to barbecue here?	Pode-se fazer churrasco aqui? *pod suh fazair choorashcoo akee?*
Are there any power outlets?	Há tomadas de corrente eléctrica? *ha toomardash duh corrent eeletreeca?*
Is there drinking water?	Há água potável? *ah agwa pootarvel?*
When's the garbage collected?	Quando recolhem o lixo? *cuarndoo recolyaim oo leeshoo?*
Do you sell gas bottles (butane gas/propane gas)?	Vende garrafas de gás (butagás/gás propano)? *vende garrafash duh gaj (bootagaj/gaj prooparnoo)?*

7.3 Hotel/B&B/apartment/holiday rental

Do you have a single/double room available?	Tem um quarto simples/de casal livre? *taim oom cuartoo seemplesh/duh cazal leevre?*
How much is it per person/per room?	Qual é o preço por pessoa/por quarto? *cuarl eh oo praysoo por pessoa/por cuartoo?*
Does that include breakfast/lunch/dinner?	Já está incluido pequeno almoço/almoço/jantar? *jah eshtah eenclooeedoo peekaynoo almohsoo/almohsoo/jantar?*
Could we have two adjoining rooms?	Pode arranjar dois quartos juntos? *pod arranjar doysh cuartoosh joontoosh?*
I'd like a room with/without toilet/bath/shower	Queria um cuarto com/sem casa de banho/banheira/duche individual *kerria oom cuartoo com/saim carza duh barnyoo/banyayra/doosh eendeeveedual*
I'd like a room (not) facing the street	Queria um cuarto (não) para o lado da rua *kerria oom cuartoo (now) parra oo lardoo da rooah*

I'd like a room with/without a view of the sea	Queria um cuarto com/sem vista para o mar
	kerria oom cuartoo com/saim veeshta parra oo mar
Is there...in the hotel?	O hotel tem...
	o ohtel taim...
Is there an elevator in the hotel?	O hotel tem elevador?
	oo ohtel taim eelevadoor?
Do you have room service?	O hotel tem serviço de quarto?
	oo ohtel taim serveesoo duh cuartoo?
Could I see the room?	Posso ver o quarto?
	possoo vair oo cuartoo?
I'll take this room	Fico com este quarto
	feecoo com esht cuartoo
We don't like this one	Este não nos agrada
	esht now noos agrarda
Do you have a larger/less expensive room?	Tem um quarto maior/mais barato?
	taim oom cuartoo myor/mysh barartoo?
Could you put in a cot?	Poderia pôr aqui uma cama de criança?
	pooderia poor akee ooma carma duh creeansa?
What time's breakfast?	A que horas servem o pequeno almoço?
	ah kay orash servaim oo peekaynoo almohsoo?
Where's the dining room?	Onde é a sala de jantar?
	ond eh a sarla duh jantar?
Can I have breakfast in my room?	Posso tomar o pequeno almoço no quarto?
	possoo toomar oo peekaynoo almohsoo noo cuartoo?
Where's the emergency exit/fire escape?	Onde fica a saída de emergência/escada de incêndio?
	ond feeca ah sayeeda duh emergensia/eshcarda duh eensendeeoo?
Where can I park my car (safely)?	Onde há um lugar (seguro) para estacionar o meu carro?
	ond ah oom loogar (segooroo) parra eshtassionar oo mayoo karoo?
The key to room..., please	A chave do quarto..., se faz favor
	a sharv doo cuartoo..., suh faj favvor
Could I put this in your safe, please?	Posso pôr isto no seu cofre?
	possoo poor eeshtoo noo sayoo cofre?

Os lavabos e o duche ficam no mesmo andar/no seu quarto	You can find the toilet and shower on the same floor/in your room
Por este lado	This way
O seu quarto é no...andar	Your room is on the...floor
O número é...	It's number is...

Overnight accommodation

Camping equipment
(the diagram shows the numbered parts)

	luggage space	parte resguardo para a bagagem	part reshgwardoo parra ah bagarjaim
	can opener	abre-latas	abre lartash
	butane gas bottle	garrafa de gás	garrafa duh gaj
		saco para bicicleta	sarcoo parra beeceeclayta
1	pannier	fogão de campismo	foogow duh campeejmoo
2	primus stove	oleado	olliardoo
3	groundsheet	martelo	martelloo
	hammer	rede	reyd
	hammock	jerrican	gerrican
4	gas can	fogueira	foogayra
	campfire	cadeira dobrável	cadayra doobrarvel
5	folding chair	geladeira	geladayra
6	insulated picnic box	almofadas de geladeira	almoofardash duh geladayra
	ice pack	bússola	boosolla
	compass	camisa	cameeza
	wick	saca-rolhas	saca rolyash
	corkscrew	cama inflável	carma eenflarvel
7	airbed	pipo	peepoo
8	airbed plug	bomba de ar	bomba di ar
	pump	toldo	toldoo
9	awning	tapete	tappett
10	mat	panela	panella
11	pan	asa de panela	arza duh panella
12	pan handle	feixo	fayshoo
	zipper	mochila	mosheela
13	backpack	espia	eshpeea
14	guy rope	saco de dormir	sarcoo duh dormeer
	sleeping bag	lanterna	lantairna
15	storm lantern	cama de campismo	carma duh campeejmoo
	camp bed	mesa	mayza
	table	tenda	tenda
16	tent	cavilha	caveelya
17	tent peg	estaca da tenda	eshtarca da tenda
18	tent pole	termos	termoosh
	vacuum	cantil	canteel
19	water bottle	mola da roupa	molla da roepa
	clothespin	arame	ararm
	clothesline	pára-vento	parra ventoo
	windbreak	lanterna de bolso	lantairna duh bolsoo
20	flashlight	canivete	cannivet
	pocket knife		

Overnight accommodation

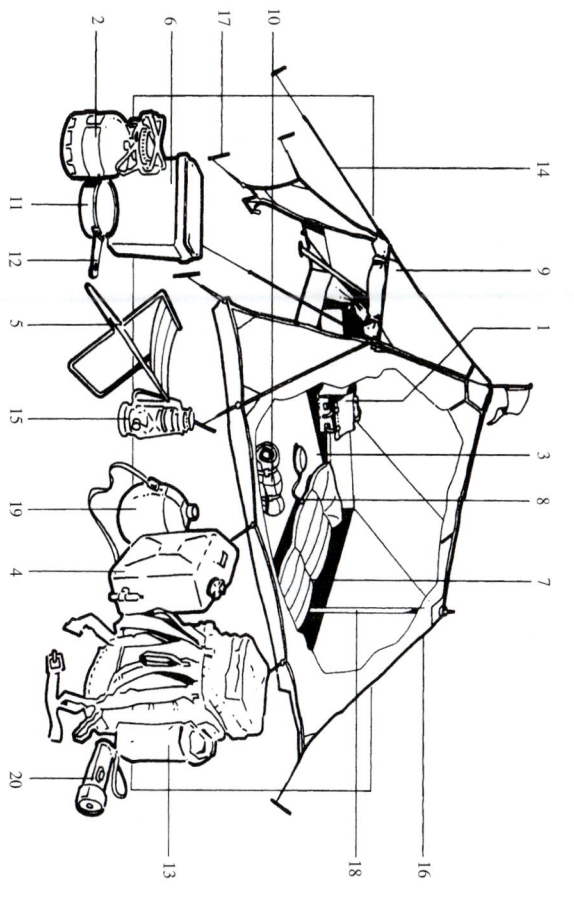

Overnight accommodation

Could you wake me at...tomorrow?	Poderia acordar-me amanhã às ...? pooderia acordar muh armanyar ash ...?
Could you find a babysitter for me?	Poderia ajudar-me a arranjar uma pessoa para tomar conta do bébé? pooderiah ajoodar muh ah arranjar ooma pessoa parra toomar conta do baybay?
Can I have an extra blanket?	Arranja-me um outro cobertor, se faz favor? arranj muh oom ohtroo coobertor, suh faj favvor?
What days do the cleaners come in?	Em que dia fazem a limpeza? aim kuh deeah farzaim uh leempayza?
When are the sheets/towels/dish towels changed?	Quando é que são mudados os lençóis/as toalhas/os panos de cozinha? cuarndoo eh kuh sow moodardash oosh lensoysh/ash tooalyash/oosh parnoosh duh coozeenya?

 .4 Complaints

We can't sleep because of the noise	Não conseguimos dormir devido ao barulho now consegeemoosh doormeer deveedoo ow baroolyoo
Could you turn the radio down, please?	Pode pôr o rádio um pouco mais baixo? pod poor oo rardeeoo oom pohcoo maiz abyshoo?
We're out of toilet paper	Acabou-se o papel higiénico acarboe suh oo papell eegeenneecoo
There isn't any.../there's not enough...	Não há.../não há...suficiente now ah.../now ah...soofeecient
The bed linen's dirty	A roupa de cama está suja a roepa duh carma eshtah sooja
The room hasn't been cleaned	O quarto não foi limpo oo cuartoo now foy leempoo
The kitchen is not clean	A cozinha não foi limpa a coozeenya now foy leempa
The kitchen utensils are dirty	Os utensílios de cozinha estão sujos ooz ootenseelyoosh duh cozeenya eshtow soojoosh
The heater's not working	O aquecimento não funciona oo akessimentoo now fooncyonna
There's no (hot) water/electricity	Não há água (quente)/electricidade now ah agwa (kent)/eeletreecidard
...is broken	...está estragado ...eshtah eshtragardoo
Could you have that seen to?	Poderia mandar arranjar? pooderia mandar arranjar?
Could I have another room/camp site?	Poderia arranjar um outro quarto/lugar para a tenda? pooderia arranjar oom ohtroo cuartoo/loogar parra a tenda
The bed creaks terribly	A cama faz muito barulho a cahma faj mweentoo baroolyoo
The bed sags	A cama baixa muito no meio a cahma bysha mweentoo no mayoo

There are bugs/insects	Há muitos bichos/insectos
	ah mweentoosh beeshoosh/eensectoosh
This place is full of mosquitos	Isto está cheio de mosquitos
	eeshtoo eshtah shayoo duh moshkeetsch
– cockroaches	Isto está cheio de baratas
	eeshtoo eshtah shayoo duh barattash

 .5 **D**eparture

See also 8.2 Settling the bill

I'm leaving tomorrow. Could I pay my bill, please?	Saio amanhã. Posso pagar agora?
	sayoo armanyar. possoo paggar agoara?
What time should we check out?	A que horas temos de deixar…?
	a kay orash taymoosh duh dayshar…?
Could I have my deposit/passport back?	Pode devolver-me o depósito/o meu passaporte?
	pod devolvair muh oo deposeetoo/oo mayoo passaport?
We're in a terrible hurry	Estamos com muita pressa
	eshtarmoosh com mueenta pressa
Could you forward my mail to this address?	Poderia enviar-me o correio para esta morada?
	pooderia enviar muh oo corrayoo parra eshta morada?
Could we leave our luggage here until we leave?	Podemos deixar as malas aqui até irmos embora?
	poodaymoosh dayshar ash malash akee atay eermoosh emboora?
Thank you very much for your hospitality	Muito obrigado pela hospitalidade
	mweentoo obrigahdoo pella oshpeetalidade

Overnight accommodation

Money matters

8.1 Banks 73

8.2 Settling the bill 74

Money matters

● **In general,** banks in Portugal are open to the public between 8.30am and 3pm, Monday to Friday, but closing times may vary and smaller branches may close for lunch. The sign *câmbio* indicates that foreign currency may be exchanged and proof of identity, usually in the form of a passport, will be required by Portuguese banks. Hotels will usually change money but at less favorable rates. Portugal has a large network of cash machines outside the banks and by using a US-issued PIN number, money changing is very quick and simple.

8.1 Banks

Where can I find a bank/an exchange office around here?	Onde é que há um banco/uma casa de câmbio por aqui? *ond eh kuh ah oom bancoo/ooma carza duh cambyoo poor akee?*
Where can I cash this traveler's check/giro check?	Onde posso trocar este traveller cheque/cheque do correio? *ond possoo troocar esht traveller shek/shek doo coorayoo?*
Can I cash this...here?	Posso trocar este...aqui? *possoo troocar esht...akee?*
Can I withdraw money on my credit card here?	Posso levantar dinheiro aqui com um cartão de crédito? *possoo levantar deenyayroo akee com oom cartow duh credeetoo?*
What's the minimum/maximum amount?	Qual é o mínimo/máximo? *cuarl eh oo meeneemoo/masseemoo?*
Can I take out less than that?	Também posso levantar menos? *tambaim possoo levantar menoosh?*
I've had some money transferred here. Has it arrived yet?	Pedi uma transferência telegráfica. Já chegou? *pedee ooma transhferensia telegraffeeca. Jah shegoe?*
These are the details of my bank in the US	Estes são os dados do meu banco em Estados Unidos *eshtesh sow oosh dardoosh doo mayoo bancoo aim eestados unidos*
This is my bank/giro number	Este é o número da minha conta bancária/no correio *esht eh oo noomeroo da meenya conta bancaria/noo coorayoo*
I'd like to change some money	Eu gostaria de trocar dinheiro *eyoo goshtaria duh troocar deenyayroo*
– pounds into...	Eu gostaria de trocar libras esterlinas por... *eyoo goshtaria duh troocar leebrash eshterleenash por...*
– dollars into...	Eu gostaria de trocar dólares americanos por... *eyoo goshtaria duh troocar dollaresh amereecarnoosh por...*
What's the exchange rate?	Qual é o câmbio? *cuarl eh oo carmbio?*

Money matters

Could you give me some small change?	Podia dar-me também dinheiro trocado, por favor? *poodia dar muh tambaim deenyayroo troocardoo por favvor?*
This is not right	Isto está errado *eeshtoo eshtah eerardoo*

Tem de assinar aqui	You have to sign here
Tem de preencher isto	You have to fill this out
Mostra-me o seu passaporte?	Could I see your passport?
Mostra-me o seu bilhete de identidade?	Could I see some identification?
Mostra-me o seu cartão dos correios?	Could I see your girobank card?
Mostra-me o seu cartão do banco?	Could I see your bank card?

8.2 Settling the bill

Could you put it on my bill?	Pode enviar para a minha conta? *pod enviar parra ah meenya conta?*
Does this amount include the tip?	O serviço está incluído? *oo sairveesoo schtah eenclooeedoo?*
Can I pay by...?	Posso pagar com...? *possoo paggar com...?*
Can I pay by credit card?	Posso pagar com um cartão de crédito? *possoo paggar com oom cartow duh craydeetoo?*
Can I pay by traveler's check?	Posso pagar com um traveller cheque? *possoo paggar com oom traveller shek?*
Can I pay with foreign currency?	Posso pagar com moeda estrangeira? *possoo paggar com mooayda eshtranjayra?*
You've given me too much/you haven't given me enough change	Deu-me dinheiro a mais/menos *dayoo muh deenyayroo ah mysh/menoosh*
Would you like to check the bill again?	Quer verificar a conta novamente? *care vereefeecar ah conta novvamentjee?*
Could I have a receipt?	Pode dar-me um recibo/talão da caixa? *pod dar muh oom resseeboo/talow da caisha?*
I don't have enough money on me	Não tenho comigo dinheiro suficiente *now tenyoo comeegoo deenyayroo soofeecient*
This is for you	Faça favor, isto é para si *fassa favvor eeshtoo eh parra see*

Não se aceita cartões de crédito/ traveller cheques/moeda estrangeira	Credit cards/traveler's checks/foreign currency are not accepted

Mail and telephone

9.1 Mail 76

9.2 Telephone 77

Mail and telephone

9.1 Mail

● **Most post offices** *(correios)* are open from 9am to 5pm from Monday to Friday and until 1pm on Saturdays. Some smaller post offices close for lunch between 12.30pm and 2.30pm. Stamps *(selos)* are also sold in tobacco shops *(tabacarias)* displaying the sign *CTT selos*. Portuguese postboxes are red.

vales postais	telegramas	selos
money orders	telegrams	stamps
encomendas		
packages		

Where's...?	Onde é...?	ond eh...?
Where's the post office?	Onde é o correio mais perto?	ond eh oo coorayoo mysh pairtoo?
Where's the main post office?	Onde é a agência principal do correio?	ond eh a ajencia preenceepal doo coorayoo?
Where is the mailbox?	Há aqui perto uma caixa de correio?	ah akee pairtoo ooma caisha duh coorayoo?
Which counter is for...?	Qual é o guiché para...?	cuarl eh oo geeshay para...?
– sending a fax?	Qual é o guiché para enviar um fax?	cuarl eh oo geeshay parra enviar oom fax?
– changing money?	Qual é o guiché para trocar dinheiro?	cuarl eh oo geeshay parra troocar deenyayroo?
– giro checks?	Qual é o guiché para os cheques `giro'?	cuarl eh oo geeshay parra oosh sheksh jeero?
– money orders?	Qual é o guiché para vale telegráfico?	cuarl eh oo geeshay parra val telegrarfeecoo?
General delivery	Posta-restante	poshta reshtant
Is there any mail for me?	Há correio para mim?	ah coorayoo parra meem.
My name's...	O meu nome é...	Oo mayoo nom eh...

Stamps

What's the postage for a...to...?	Quanto custa um/uma...para...?	cuarntoo cooshta oom/ooma...parra...?
Are there enough stamps on it?	Este valor de selos chega?	esht valor duh seloosh shayga?
I'd like...stamps of...escudos	Queria...selos de...escudos	kerria...seloosh duh...eshcoodoosh
I'd like to send this...	Queria enviar isto...	kerria enviar eeshtoo...

– by express _____	Queria enviar isto por expresso
	kerria enviar eeshtoo poor eshpraysoo
– by air mail _____	Queria enviar isto por correio aéreo
	kerria enviar eeshtoo por coorayoo airayoo
– by registered mail _____	Queria enviar isto registado
	kerria enviar eeshtoo regeeshtardoo

Telegram/fax

I'd like to send a _____ telegram to...	Queria enviar um telegrama para...
	kerria enviar oom telegrarma parra...
How much is it per _____ word?	Quanto custa cada palavra?
	cuarntoo cooshta cadda palarvra?
This is the text I want _____ to send	Este é o texto que quero enviar
	esht eh oo teshtoo kuh kerria enviar
Shall I fill out the form _____ myself?	Posso preencher eu próprio o impresso?
	possoo pre-enshair eyoo propreeoo oo eempraysoo?
Can I make photocopies/ _____ send a fax here?	Posso fazer fotocópias/enviar um fax aqui?
	possoo fazair fotoocopiash/enviar oom fax akee?
How much is it _____ per page?	Quanto custa por página?
	cuarntoo cooshta por parjeena?

9.2 Telephone

See also 1.8 Telephone alphabet

● **As in most** countries, telephone calls made from hotels are expensive. Most public telephones offer a direct international service, but as only low value coins can be used, a considerable quantity must be on hand. Cardphones are available and phone cards *(cartão credifone)* can be purchased from post offices. Portugal is well-served by the global mobile telephone network (GSM) and so it is well worth taking one along. Unlike in the US, it is perfectly in order to call someone after 9.30pm.

Is there a phone booth _____ around here?	Há aqui perto uma cabine telefónica?
	ah akee pairtoo ooma cabeen telefoneeca?
Could I use your _____ phone, please?	Posso utilizar o seu telefone, se faz favor?
	possoo ooteeleezar oo sayoo telefon, suh faj favvor?
Do you have a _____ (city/region)...phone directory?	Tem uma lista telefónica de.../da zona de...?
	taim ooma leeshta telefoneeca duh.../duh zona duh...?
Where can I get a _____ phone card?	Onde é que posso comprar um cartão credifone?
	ond eh kuh possoo comprar oom cartow credifon?
Could you tell me...? _____	Podia dizer-me...?
	poodia deezair muh...?

Mail and telephone

Mail and telephone

– the number for international directory assistance?
Podia dizer-me o número das informações internacionais?
poodia deezair muh oo noomeroo daz eenformasoynsh eenternacionysh?

– the number of room...?
Podia dizer-me o número do quarto...?
poodia deezair muh oo noomeroo doo cuartoo...?

– the international access code?
Podia dizer-me o indicativo de acesso?
poodia deezair muh oo eendeecateevoo duh assesoo?

– the country code for...?
Podia dizer-me o indicativo de...?
poodia deezair muh oo eendeecateevoo duh...?

– the area code for...?
Podia dizer-me o indicativo da zona de...?
poodia deezair muh oo eendeecateevoo da zona duh...?

– the number of...?
Podia dizer-me o número do assinante...?
poodia deezair muh oo noomeroo doo asseenant...?

Could you check if this number's correct?
Podia verificar se este número está correcto?
poodia vereefeecar see esht noomeroo eshtah cooretoo?

Can I dial international direct?
Posso telefonar directamente para o estrangeiro?
possoo telefonar deeretament parra oo eshtranjayroo?

Do I have to go through the switchboard?
Tenho de pedir a chamada à telefonista?
tenyoo de pedeer a shamarda ah telefoneeshta?

Do I have to dial '0' first?
Tenho de ligar primeiro o zero?
tenyoo de leegar preemayroo oo zayroo?

Do I have to reserve my call?
Tenho de pedir a chamada?
tenyoo de pedeer ah shamarda?

Could you dial this number for me?
Podia ligar para este número?
poodia leegar parra esht noomeroo?

Could you put me through to.../extension...?
Podia ligar-me com.../a extensão...?
poodia leegar muh com.../ah eshtensow...?

I'd like to place a collect call to...
Queria fazer uma chamada paga para...
kerria fazair ooma shamarda parga parra...?

What's the charge per minute?
Quanto custa por minuto?
cuarntoo cooshta poor meenootoo?

Have there been any calls for me?
Alguém telefonou para mim?
algaim telefonoe parra meem?

The conversation

Hello, this is...
Está? Daqui fala...
eshtah? Dakee fala...

Who is this, please?
Quem fala, se faz favor?
caim fala, suh faj favvor?

Is this...?
Estou a falar com...?
eshtoe a falar com...?

I'm sorry, I've dialed the wrong number — Desculpe, enganei-me no número
deshcoolp, enganay muh noo noomeroo

I didn't understand what you said — Não compreendi o que disse
now compreyendee oo kuh deece

I'd like to speak to... — Gostava de falar com...
goshtarva duh falar com...

Is there anybody who speaks English? — Há alguém que fale inglês?
ah algaim kuh fala inglaij?

Extension..., please — Extensão..., se faz favor
eshtensow..., seh faj favvor

Could you ask him/her to call me back? — Podia pedir-lhe para me telefonar?
poodia peddeer lya parra muh telefonar?

My name's... My number's... — O meu nome é... O meu número é...
oo mayoo nom eh... oo meu noomeroo eh...

Could you tell him/her I called? — Podia dizer-lhe que eu telefonei?
poodia deezair lya kuh eyoo telefonay

I'll call back tomorrow — Volto a telefonar-lhe amanhã
voltoo ah telefonar lya armanyar

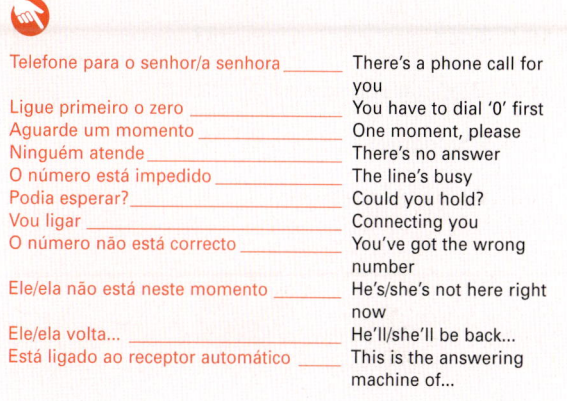

Telefone para o senhor/a senhora — There's a phone call for you
Ligue primeiro o zero — You have to dial '0' first
Aguarde um momento — One moment, please
Ninguém atende — There's no answer
O número está impedido — The line's busy
Podia esperar? — Could you hold?
Vou ligar — Connecting you
O número não está correcto — You've got the wrong number
Ele/ela não está neste momento — He's/she's not here right now
Ele/ela volta... — He'll/she'll be back...
Está ligado ao receptor automático — This is the answering machine of...

Mail and telephone

Shopping

10.1 Shopping conversations 82

10.2 Food 83

10.3 Clothing and shoes 84

10.4 Photographs and video 85

10.5 At the hairdresser's 87

Shopping

● **Opening times:** Monday to Friday from 9am to 1pm and 3 to 7pm. On Saturdays shops close at 1pm, but there is a growing trend towards staying open in the afternoons. Shopping centers *(centro comercial)* are also open on Sundays and public holidays from 9am to 1pm, with longer opening hours towards Christmas. Some small shops stay open all day on Sundays. Supermarkets *(supermercado)* stay open until at least 10pm. Pharmacy *(farmácia)* opening hours are the same as those of shops and the names of late-night duty pharmacies are displayed in the shop window and in the newspapers.

---

loja de antiguidades
antique shop
armazém
department store
artigos de desporto
sports shop
artigos dietéticos
health food
artigos de segunda mão
second-hand goods
artigos fotográficos
camera shop
auto-serviço
self-service
cabeleireiro
hairdresser
casa de bicicletas
bicycle shop
casa de brinquedos
toy shop
casa de móveis
furniture shop
casa de vinhos
liquor store
centro comercial
shopping center
decoração de interiores
interior design
delicatessen
delicatessen
discoteca/artigos musicais
record shop

drogaria
hardware shop
electrodomésticos
electrical appliances
farmácia
pharmacy/ drugstore
feira
fleamarket
florista
florist
frutaria
greengrocer
geladaria
ice cream parlor
joalharia
jewelery shop
lavandaria
launderette/ laundry
leitaria
dairy products shop
limpeza a seco
dry cleaner
livraria
bookshop
loja
shop
loja de modas
dress shop
loja de recordações
souvenir shop
mercado
market

mercearia
grocery store
óptica
optician
padaria
bakery
pastelaria
cake shop
peixaria
fishmonger
perfumaria
perfumery
quiosque
kiosk
reparação de bicicletas
bicycle repairs
retrosaria
drapers
salão de beleza
beauty parlor
sapataria
shoe shop
sapateiro
cobbler
supermercado
supermarket
tabacaria
tobacco shop
talho
butcher

10.1 Shopping conversations

Where can I get...?	Em que loja posso arranjar...?	
	aim kay lohja possoo arranjar...?	
When does this shop open?	Quando é que esta loja está aberta?	
	cuarndoo eh kuh eshta lohja eshtah aberta?	
Could you tell me where the...department is?	Poderia dizer-me onde fica a secção de...?	
	pooderia deezer muh ond feeca ah secksow duh...?	
Could you help me? I'm looking for...	Pode atender-me? Procuro...?	
	pod atendair muh? Procoooroo...?	
Do you sell English/American newspapers?	Tem jornais ingleses?	
	taim jornysh inglayzesh?	

Já está a ser atendido?	Are you being served?

No. I'd like...	Não. Queria...
	now. Kerria...
I'm just looking, if that's all right	Só estou a ver, obrigado
	soh eshtoe a vair, obrigahdoo

Mais alguma coisa?	Anything else?

Yes, I'd also like...	Sim, dê-me também...
	seem, day muh tambaim...
No, thank you. That's all	Não, muito obrigado. É tudo
	now muento obrigahdoo. Eh toodoo
Could you show me..., please?	Pode deixar-me ver..., se faz favor?
	pod dayshar muh vair..., suh faj favvor?
I'd prefer...	Eu preferia...
	eyoo prefferia...
This is not what I'm looking for	Isto não é o que eu procuro
	eeshtoo now eh oo kuh eyoo procooroo
Thank you. I'll keep looking	Muito obrigado. Vou dar mais uma volta
	mweentoo obrigahdoo. voe dar maiz ooma volta
Do you have something...?	Não tem nada mais...?
	now taim narda mysh...?
– cheaper?	Não tem nada mais barato?
	now taim narda mysh barartoo?
– smaller?	Não tem nada mais pequeno?
	now taim narda mysh peekaynoo?
– larger?	Não tem nada maior?
	now taim narda myor?
I'll take this one/these	Levo este(s)/esta(s)
	levoo esht (esh)/eshta (sh)

Does it come with instructions?	O modo de emprego está lá dentro?
	oo modoo di empraygoo eshtah la dentroo?
It's too expensive	Acho demasiado caro
	achoo demaziardoo caroo
I'll give you...	Ofereço-lhe...
	oferessoo lya...
Could you keep this for me? I'll come back for it later	Importa-se de me guardar isto? Volto já a buscar
	eemporta suh duh muh gwardar eeshtoo? Voltoo jah booshcar
Have you got a bag?	Tem um saco?
	taim oom sarcoo?
Could you giftwrap it, please?	Pode embrulhar como prenda, se faz favor?
	pod embrulyar comoo prenda, suh faj favvor?

Lamento, mas não temos	I'm sorry, we don't have that
Lamento, já não temos mais	I'm sorry, we're sold out
Lamento, só vamos receber isso dentro de...	I'm sorry, that won't be in until...
Pode pagar na caixa	You can pay at the cash desk
Não aceitamos cartões de crédito	We don't accept credit cards
Não aceitamos traveller cheques	We don't accept traveler's checks
Não aceitamos moedas estrangeiras	We don't accept foreign currency

10.2 Food

I'd like a hundred grams of...	Eu queria cem gramas de...
	eyoo kerria saim grarmash duh ...
– five hundred grams/ half a kilo of...	Eu queria meio quilo de...
	eyoo kerria mayoo keeloo duh...
– a kilo of...	Eu queria um quilo de...
	eyoo kerria oom keeloo duh...
Could you...?	Importa-se de...?
	eemporta suh duh...?
Could you slice it/ chop it, please?	Importa-se de cortar em fatias/bocados, se faz favor?
	eemporta suh duh cortar aim fateeash/boocardoosh, suh faj favvor?
Could you grate it, please?	Importa-se de o ralar, se faz favor?
	eemporta suh duh oo rallar, suh faj favvor?
Can I order it?	Posso encomendar?
	possoo aincoomendar?
I'll pick it up tomorrow/ at...	Venho buscar amanhã/às...horas
	venyoo booshcar armanyar/ush...orash

Shopping

10

Can you eat/drink this?	Pode-se comer/beber?
	pod se coomair/bebbair
What's in it?	De que é feito?
	duh kee eh faytoo?

10.3 Clothing and shoes

I saw something in the window. Shall I point it out?	Vi uma coisa na montra. Posso lhe mostrar?
	vee ooma coyza na montra. possoo lya mooshtrar?
I'd like something to go with this	Queria uma coisa para condizer com isto
	kerria ooma coyza parra condeezair com eeshtoo
Do you have shoes in this same color?	Tem sapatos nesta mesma cor?
	taim sapartoosh neshta mejma cor?
I'm a size...in the US	Em Estados Unidos o meu número é...
	aim eestados unidos oo mayoo noomeroo eh...
Can I try this on?	Posso experimentar?
	possoo eshprimentar?
Where's the fitting room?	Onde fica o gabinete de prova?
	ond feeca oo gabeenet duh provva?
It doesn't fit	Não me serve
	now muh sairve
This is the right size	Esta medida é boa
	eshta medeeda eh boa
It doesn't suit me	Não me fica bem
	now muh feeca baim
Do you have this/these in...?	Tem também isto em...
	taim tambaim eeshtoo aim...
I find the heel too high/low	Acho o salto demasiado alto/baixo
	ashoo oo saltoo demaziardoo altoo/byshoo
Is this genuine leather?	Isto é couro verdadeiro?
	eeshtoo eh cooroo verdadayroo?
I'm looking for a... for a...-year-old baby/child	Procuro um...para um bébé/uma criança de...anos
	procooroo oom...parra oom baybay/ooma criansa duh...arnoosh
I'd prefer a...of...	Eu preferia um...de...
	eyoo prefferia oom...duh...
– silk	Eu preferia um...de seda
	eyoo prefferia oom...duh sayda
– cotton	Eu preferia um...de algodão
	eyoo prefferia oom...duh algoodow
– wool	Eu preferia um...de lã
	eyoo prefferia oom... duh lang
– linen	Eu preferia um...de linho
	eyoo prefferia oom...duh leenyoo
What temperature can I wash it at?	A que temperatura é que posso lavar?
	a kay temperatoora eh kuh possoo lavar?
Will it shrink in the wash?	Encolhe ao lavar?
	aincollye ow lavar?

Shopping

Não passar a ferro	Pendurar molhado	Lavar à mão
Do not iron	Drip dry	Hand wash
Não centrifugar	Limpar a seco	Lavar à máquina
Do not spin dry	Dry clean	Machine wash

At the cobbler

Could you mend these shoes? — **Pode arranjar-me estes sapatos?**
pod arranjar muh eshtash sapartoosh?

Could you put new soles/heels on these? — **Poderia pôr aqui solas novas/saltos novos?**
pooderia poor akee solash novash/saltoosh novoosh?

When will they be ready? — **Quando estão prontos?**
cuarndoo eshtow prontoosh?

I'd like... — **Eu queria...**
eyoo kerria...

– a can of shoe polish — **Eu queria uma caixa de pomada**
eyoo kerria ooma caisha duh poomarda

– a pair of shoelaces — **Eu queria um par de atacadores**
eyoo kerria oom par duh attackadooresh

10.4 Photographs and video

I'd like a film for this camera, please — **Eu queria um rolo para esta máquina, se faz favor**
eyoo kerria oom rolloo parra eshta markina, suh faj favvor

– a cartridge — **Eu queria uma cassette**
eyoo kerria ooma cassett

– a slide film — **Eu queria um rolo de diapositivos**
eyoo kerria oom rolloo duh diaposeeteevoosh

– a film cartridge — **Eu queria um cassette para filmar**
eyoo kerria oom cassett parra feelmar

– a videotape — **Eu queria um cassette de vídeo**
eyoo kerria oom cassett duh veedyoo

– a color/black and white film — **Eu queria um rolo a cores/a preto e branco**
eyoo kerria oom rolloo ah cooresh/ah praytoo e brancoo

– a super eight film — **Eu queria um filme super de 8mm**
eyoo kerria oom feelm soopair duh 8mm

– a 12/24/36 exposures film — **Eu queria um rolo de 12/24/36 fotografias**
eyoo kerria oom rolloo duh 12/24/36 fotografeeash

– a roll of...ASA — **Eu queria um rolo de ISO...**
eyoo kerria oom rolloo duh ee ess oo...

– a daylight film — **Eu queria um rolo para luz natural**
eyoo kerria oom rollo parra looj naturarl

– a film for artificial light — **Eu queria um rolo para luz artificial**
eyoo kerria oom rolloo parra looj artifeeciarl

Shopping

Problems

Could you load the film for me?	Importa-se de colocar o rolo na máquina?	
	eemporta suh duh coloocar oo rolloo na markina	
Could you take the film out for me?	Importa-se de tirar o rolo da máquina?	
	eemporta suh duh teerar oo rolloo da markina	
Should I replace the batteries?	Tenho de substituir as pilhas?	
	tenyoo duh soobshteetweer ash peelyash?	
Could you have a look at my camera? It's not working	Importa-se de ver a minha máquina/câmara? Não trabalha	
	eemporta suh duh vair a meenya markina/camera? Now trabalya	
The...is broken	O...está estragado	
	oo...eshtah eshtragardoo	
The film's jammed	O rolo está preso	
	oo rolloo eshtah prayzoo	
The film's broken	O rolo está partido	
	oo rolloo eshtah parteedoo	
The flash isn't working	O flash não funciona	
	oo flash now foonsyona	

Processing and prints

I'd like to have this film developed/printed	Eu queria mandar revelar/reproduzir este rolo
	eyoo kerria mandar revelar/reprodoozeer esht rolloo
I'd like...prints from each negative	Eu queria...cópias de cada negativo
	eyoo kerria...copeeash duh cadda negateevoo
I'd like glossy/matte prints	Eu queria cópias brilhantes/mates
	eyoo kerria copeeash breelyantesh/matsh
I'd like 6x9 prints	Eu queria cópias seis por nove
	eyoo kerria copeeash saysh poor nov
I'd like to order these photos	Eu queria encomendar estas fotos
	eyoo kerria aincoomendar eshtash fotoosh
I'd like to have this photo enlarged	Eu queria mandar ampliar esta foto
	eyoo kerria mandar ampliar eshta fotoo
How much is processing?	Quanto custa a revelação?
	cuarntoo cooshta a revellasow?
How much is printing?	Quanto custa a reprodução?
	cuarntoo cooshta a reprodoosow?
How much is it to reorder?	Quanto custa mandar fazer mais cópias?
	cuarntoo cooshta mandar fazair mysh copeeash?
How much is an enlargement?	Quanto custa uma ampliação?
	cuarntoo cooshta ooma ampleeasow
When will they be ready?	Quando estão prontas?
	cuarndoo eshtow prontash?

.5 At the hairdresser's

Do I have to make an appointment?	**Tenho de marcar hora?** *tenyoo duh marcar ora?*
Can I come in right now?	**Pode atender-me já?** *pod atendair muh jah?*
How long will I have to wait?	**Quanto tempo tenho de esperar?** *quarntoo tempoo tenyoo duh eshpairar?*
I'd like a hairwash/haircut	**Eu queria lavar/cortar o meu cabelo** *eyoo kerria lavar/cortar oo mayoo cabayloo*
I'd like a shampoo for oily/dry hair	**Eu queria um champô para cabelo gorduroso/seco** *eyoo kerria oom shampoh parra cabayloo gordooroso/saycoo*
– an anti-dandruff shampoo	**Eu queria um champô contra a caspa** *eyoo kerria oom shampoh contra a cashpa*
– a shampoo for permed/colored hair	**Eu queria um champô para cabelo com permanente/pintado** *eyoo kerria oom shampoh parra cabayloo com permanent/peentardoo*
– a color rinse shampoo	**Eu queria um champô com cor** *eyoo kerria oom shampoh com cor*
– a shampoo with conditioner	**Eu queria um champô com condicionador** *eyoo kerria oom shampoh com condicionardoor*
– highlights	**Eu queria madeixas** *eyoo kerria madayshash*
Do you have a color chart, please?	**Tem um catálogo com as cores?** *taim oom cataloggoo com ash coresh?*
I want to keep it the same color	**Eu queria manter a mesma cor** *eyoo kerria mantair a mejma cor*
I'd like my hair darker/lighter	**Eu queria o cabelo mais escuro/claro** *eyoo kerria oo cabayloo maiz eshcooroo/claroo*
I'd like/I don't want hairspray	**Quero (não quero) laca no meu cabelo** *cairoo (now cairoo) larca noo mayoo cabayloo*
– gel	**Quero (não quero) gel** *cairoo (now cairoo) jel*
– mousse	**Quero (não quero) mousse** *cairoo (now cairoo) mousse*
I'd like short bangs	**Queria a franja curta** *kerria a franja coorta*
Not too short at the back	**Atrás não queria demasiado curto** *atraj now kerria demaziardoo coortoo*
Not too long here	**Aqui não quero muito comprido** *akee now cairoo mweentoo coompreedoo*
I'd like (just a few) curls	**Quero (não muitos) caracóis** *cairoo (now mueentoosh) carracoysh*
It needs a little/a lot taken off	**Corte um pouco/bastante** *cort oom poecoo/bashtant*
I want a completely different style	**Queria um modelo totalmente diferente** *kerria oom moodeloo tootalment deeferent*
I'd like it as...	**Queria o meu cabelo como...** *kerria oo mayoo cabayloo comoo...*

Shopping

– that lady's	Queria o meu cabelo como o daquela senhora
	kerria oo may cabayloo comoo oo dakella senyora
– in this photo	Queria o meu cabelo como o desta foto
	kerria oo mayoo cabayloo comoo oo desta fotoo
Could you put the drier up/down a bit?	Podia pôr o secador mais forte/fraco?
	poodia poor oo secadoor maish fort/frarcoo?
I'd like a facial	Queria uma máscara para o rosto
	kerria ooma mashcara parra oo roshtoo
– a manicure	Queria que me fizesse uma manicure
	kerria kuh me feezess ooma manicure
– a massage	Queria uma massagem
	kerria ooma massarjaim
Could you trim my bangs?	Podia aparar-me a franja?
	poodia aparar muh a franja?
– my beard?	Podia aparar-me a barba?
	poodia aparar muh a barba?
– my moustache?	Podia aparar-me o bigode?
	poodia aparar muh oo beegod?
I'd like a shave, please	A barba, se faz favor
	a barba, se faj favvor
I'd like a wet shave	Queria a barba feita com navalha
	kerria a barba fayta com navaly

Como deseja o cabelo cortado?	How do you want it cut?
Que modelo deseja?	What style did you have in mind?
Que cor deseja?	What color do you want it?
Esta temperatura está boa?	Is the temperature all right for you?
Deseja alguma coisa para ler?	Would you like something to read?
Deseja beber alguma coisa?	Would you like a drink?
Está bem assim?	Is this what you had in mind?

At the Tourist Information Center

11.1 Places of interest   90

11.2 Going out   92

11.3 Reserving tickets   93

At the Tourist Information Center

11.1 Places of interest

Where's the Tourist Information Center?	Onde é o posto de turismo? *ond eh oo poshtoo duh tooreeshmoo?*
Do you have a city map?	Tem uma planta da cidade? *taim ooma planta dah sidarde?*
Where is the museum?	Onde é o museu? *ond eh oo moozayoo?*
Where can I find a church?	Onde há uma igreja? *ond ah ooma eegrayja?*
Could you give me some information about...?	Podia dar-me alguma informação sobre...? *poodia dar muh algooma eenformasow sobre...?*
How much do we have to pay you?	Quanto é que temos de lhe pagar? *cuarntoo eh kuh taymoosh duh lya pagar?*
What are the main places of interest?	Quais são as atrações mais importantes? *quysh sow ash atrasoynsh maiz eemportantesh?*
Could you point them out on the map?	Podia indicá-las no mapa? *poodia eendeecar lash noo marpa?*
What do you recommend?	O que é que nos aconselha? *oo kuh eh kuh nooz aconselya?*
We'll be here for a few hours	Ficamos aqui umas horas *feecarmoos akee oomash orash*
– a day	Ficamos aqui um dia *feecarmoos akee oom deah*
– a week	Ficamos aqui uma semana *feecarmoos akee ooma semarna*
We're interested in...	Estamos interessados em... *eshtarmoosh eenteressardoosh aim...*
Is there a scenic walk around the city?	Podemos fazer um passeio turístico pela cidade? *poodaymoosh fazair oom passayoo tooreeshteecoo pella sidarde?*
How long does it take?	Quanto tempo demora? *cuarntoo tempoo demoora?*
Where does it start/end?	Onde começa/acaba? *ond comessa/acarba?*
Are there any boat cruises here?	Há aqui barcos de excursão? *ah akee barcoosh duh eshcoorsow?*
Where can we board?	Onde é que podemos embarcar? *ond eh kuh poodaymoosh embarcar?*
Are there any bus tours?	Há excursões de autocarro? *ah eshcoorsoynsh duh outoocahroo?*
Where do we get on?	Onde é que podemos entrar? *ond eh kuh poodaymoosh entrar?*
Is there a guide who speaks English?	Há um guia que fale inglês? *ah oom gueeah kuh fal eenglayj?*

At the Tourist Information Center

What trips can we take around the area?	Que passeios podemos dar nos arredores? *kay passayoosh poodaymoosh dar nooz arredooresh?*
Are there any excursions?	Há excursões? *ah eshcoorsoynsh?*
Where do they go to?	Para onde vão as excursões? *parra ond vow az eshcoorsoynsh?*
We'd like to go to...	Nós queremos ir a... *nosh kerraymooz eer ah...*
How long is the excursion?	Quanto tempo demora a excursão? *cuarntoo tempoo demoora ah eshcoorsow?*
How long do we stay in...?	Quanto tempo ficamos em...? *cuarntoo tempoo feecarmoosh aim...?*
Are there any guided tours?	Há visitas guiadas? *ah veezeetash gueeardash?*
How much free time will we have there?	Quanto tempo temos só para nós? *cuarntoo tempoo taymoosh soh parra noj?*
We want to go hiking	Queriamos fazer uma caminhada *kerriamoosh fazair ooma cameenyarda*
Can we hire a guide?	Podemos contratar um guia? *poodaymoosh contratar oom gueeah?*
Can I reserve mountain huts?	Posso reservar abrigos? *possoo resairvar abreegoosh?*
What time does... open/close?	A que horas abre/fecha...? *ah kay orash abre/faysha...?*
What days is...open/closed?	Em que dias está aberto/fechado...? *aim kuh deeash eshtah abairtoo/fechardoo...?*
What's the admission price?	Quanto custa a entrada? *cuarntoo cooshta an entrarda?*
Is there a group discount?	Há desconto para grupos? *ah deshcontoo parra groopoosh?*
Is there a child discount?	Há desconto para crianças? *ah deshcontoo parra creeansash?*
Is there a discount for seniors?	Há desconto para reformados? *ah deshcontoo parra reformardoosh?*
Can I take (flash) photos/can I film here?	Posso aqui fotografar (com flash)/filmar? *possoo akee fotografar (com flash)/feelmar?*
Do you have any postcards of...?	Vende postais com...? *vend pooshtysh com...?*
Do you have an English...?	Tem um/uma...em inglês? *taim oom/ooma...aim eenglayj?*
– catalogue?	Tem um catálogo em inglês? *taim oom catalogoo aim eenglayj?*
– program?	Tem um programa em inglês? *taim oom proograma aim eenglayj?*
– brochure?	Tem um folheto em inglês? *taim oom foolyetoo aim eenglayj?*

11.2 Going out

At the Tourist Information Center

● **There are far fewer cinemas in Portugal** than in the US. Usherettes will normally expect a small tip. Most films shown are in English with Portuguese subtitles, which is very convenient. Sometimes the name given to the film in Portuguese is completely different from its original. Details of theater and cinema programs are to be found in the national newspapers, especially in the Friday editions. Showings are generally much later than in the US and theater performances are often subject to considerable delay.

Do you have this week's/month's entertainment guide?	Tem o jornal de espectáculos desta semana/deste mês?
	taim oo jornarl di eshpetarcoolooosh deshta semarna/deshta mayge?
What's on tonight?	O que é que há para fazer esta noite?
	oo kee eh kuh ah parra fazzair eshta noyt?
We want to go to...	Queríamos ir a...
	kerriamoosh eer ah...
Which films are showing?	Que filmes estão a passar?
	kuh feelmesh eshtow ah passar?
What sort of film is it?	Que género de filme é?
	kuh jenroo duh feelm eh?
It's suitable for all ages	É para todas as idades
	eh parra toedaz az eedardesh
It's only for people above 12/16 years	É só para pessoas acima dos 12/16 anos
	eh sooh parra pessowash aseema dooz 12/16 arnoosh
It's the original version	É a versão original
	eh ah versow ooreegeenarl
It's subtitled	É com legendas
	eh com lejendash
It's dubbed	É dobrado
	eh doobrardoo
Is it a continuous showing?	São sessões contínuas?
	sow sessoynsh conteenooash?
What's on at...?	Qual é o programa do...?
	quarl eh oo proogarrma doo...?
– the theater?	Qual é o programa do teatro?
	quarl eh oo prooogarrma doo teeartroo?
– the concert hall?	Qual é o programa de concertos?
	quarl eh oo prooogarrma duh consairtoosh?
– the opera?	Qual é o programa da ópera?
	quarl eh oo prooogarrma dah ohpairah?
Where can I find a good disco around here?	Onde é que há uma boa discoteca aqui?
	ond eh kuh ha ooma boa deeshcooteca akee?
Does one have to be a member?	É necessário ser membro?
	eh necessaryoo sair membroo?
Where can I find a good nightclub around here?	Onde é que há um bom clube nocturno aqui?
	ond eh kuh ah oom bom cloob notoornoo akee?
Is it evening wear only?	É obrigatório traje de cerimónia?
	eh obreegatoryoo trarj duh cerimonnia?

Should I/we dress up? ____	É aconselhável traje a preceito?
	eh aconselyarvel trarj ah presaytoo?
What time does the _____ show start?	A que horas começa o show?
	ah kay orash coomessa oo show?
When's the next soccer ____ match?	Quando é o próximo jogo de futebol?
	cuarndoo eh oo prosseemoo jogoo duh footebol?
Who's playing?_____	Quem é que vai jogar?
	caim eh kuh vy joogar?
I'd like an escort for _____ tonight. Could you arrange that for me?	Queria ter um/uma acompanhante para hoje a noite. Pode tratar-me disto?
	kerria tair oom/ooma acompanyant parra oarje a noyt. pod tratar muh deeshtoo?

11.3 Reserving tickets

We'd like to reserve..._____	Queríamos reservar...
	kerriamoosh rezairvar...
– seats in the orchestra ____	Queríamos reservar...lugares na plateia
	kerriamoosh rezairvar...loogaresh na plataya
– seats in the balcony ____	Queríamos reservar...lugares no balcão
	kerriamoosh rezairvar...loogaresh noo balcow
– a table at the front _____	Queríamos reservar uma mesa à frente
	kerriamoosh rezairvar ooma mayza ah frent
– seats in the center _____	Queríamos reservar...lugares a meio
	kerriamoosh rezairvar...loogaresh ah mayoo
– seats at the back_____	Queríamos reservar...lugares atrás
	kerriamoosh rezairvar...loogaresh atraj
Could I reserve...seats for __ the...o'clock performance?	Posso reservar...lugares para a sessão das...?
	possoo resairvar...loogaresh parra a sessow dash...?
Are there any tickets left ___ for tonight?	Ainda há bilhetes para esta noite?
	ayeenda ah beelyetsch parra eshta noyt?
How much is a ticket? _____	Quanto custa um bilhete?
	cuarntoo cooshta oom beelyet?
When can I pick the _____ tickets up?	Quando é que posso levantar os bilhetes?
	cuarndoo eh kuh possoo levantaroosh beelyetsch?
I've got a reservation _____	Reservei
	resairvay
My name's... _____	O meu nome é...
	oo mayoo nom eh...

At the Tourist Information Center

Para que sessão é que deseja reservar?	Which performance do you want to reserve for?
Onde é que deseja se sentar?	Where would you like to sit?
Está esgotado	Everything's sold out
Só há lugares de pé	We've only got standing room left
Só há lugares no balcão	We've only got balcony seats left
Só há lugares na geral	We've only got seats left in the top balcony
Só há lugares na plateia	We've only got orchestra seats left
Só há lugares à frente	We've only got seats left at the front
Só há lugares atrás	We've only got seats left at the back
Quantos lugares deseja?	How many seats would you like?
Tem de levantar os bilhetes antes das...horas	You'll have to pick up the tickets before...o'clock
Posso ver os seus bilhetes?	Tickets, please
Este é o seu lugar	This is your seat
Estâo em lugares errados	You're in the wrong seats

Sports

12.1 Sporting questions 96

12.2 By the waterfront 96

12 Sports

12.1 Sporting questions

Where can we... around here?	Onde é que podemos...aqui?
	ond eh kuh poodaymooz...akee?
Is there a...nearby?	Há um...perto daqui?
	ah oom...pairtoo dackee?
Can I hire a...here?	Posso alugar um/uma...aqui?
	possoo aloogar oom/ooma...akee?
Can I take...lessons?	Posso ter lições de...?
	possoo tair leesoynsh duh...?
How much is it per hour/per day/a turn?	Quanto custa por hora/dia/vez?
	cuarntoo cooshta por ora/deeah/vaij?
Do I need a permit?	É preciso uma licença?
	eh preseezoo ooma leesensa?
Where can I get the permit?	Onde é que posso tirar a licença?
	ond eh kuh possoo teerar a leesensa?

12.2 By the waterfront

Is it a long way (by foot) to the sea?	É muito longe (a pé) daqui ao mar?
	eh mueentoo lonj (ah peh) dakee ow mar?
Is there...nearby?	Há um/uma...perto daqui?
	ah akee oom/ooma...pairtoo dackee?
– an outdoor/indoor/public swimming pool nearby?	Há uma piscina perto daqui?
	ah ooma peeshseena pairtoo dackee?
– a sandy beach nearby?	Há aqui uma praia de areia perto?
	ah akee ooma prya di araya pairtoo?
– a nudist beach nearby?	Há uma praia de naturistas perto daqui?
	ah ooma prya duh natooreeshtash pairtoo dackee?
– a dock nearby?	Há um cais perto daqui?
	ah oom kysh pairtoo dackee?
Are there any rocks here?	Há rochas aqui?
	ah roshash akee?
When's high/low tide?	Quando é a maré cheia/a maré vazia?
	cuarndoo eh a maray shaya/a maray vazeeah?
What's the water temperature?	Qual é a temperatura da água?
	cuarl eh a temperatoora da agwar?
Is it (very) deep here?	Aqui é (muito) fundo?
	akee eh mweentoo foondoo?
Can I reach the ground here?	Aqui tenho pé?
	akee tenyoo peh?
Is it safe to swim here?	É seguro nadar aqui (para as crianças)?
	eh segooroo nadar akee (parra ash creansash)?
Are there any currents?	Há correntes?
	ah coorentesh?
Are there any rapids/waterfalls in this river?	Este rio tem rápidos/cataratas?
	esht reeoo taim rappeedoosh/cataratash?

What does that flag/_____ buoy mean?	O que significa aquela bandeira/bóia?	
	oo kuh signeefeeca akela bandayra/boya?	
Is there a life guard_____ on duty here?	Há aqui um salva-vidas?	
	ah akee oom salva-veedash?	
Are dogs allowed here?____	São permitidos cães aqui?	
	sow permeeteedoosh caynz akee?	
Is camping on the _____ beach allowed?	Pode-se acampar aqui na praia?	
	pod suh acampar akee na prya?	
Is it permitted to _____ build a fire here?	Pode-se fazer uma fogueira aqui?	
	pod suh fazair ooma foogayra akee?	

Perigo	É proibido pescar	É proibido nadar
Danger	No fishing	No swimming
É permitido pescar	É proibido fazer surf	Só com licença
Fishing allowed	No surfing	Permits only

Sports

12

Sickness

13.1 Call (get) the doctor 99

13.2 Patient's ailments 99

13.3 The consultation 100

13.4 Medication and prescriptions 102

13.5 At the dentist's 103

Sickness

13.1 Call (get) the doctor

Could you call/get a doctor quickly, please?	Podia chamar/ir buscar um médico depressa, se faz favor? *poodia shamar/eer booshcar oom maydeecoo, suh faj favvor?*
When does the doctor have office hours?	Quando é a consulta do médico? *cuarndoo eh a consoolta doo meydeecoo?*
When can the doctor come?	Quando é que o médico pode vir? *cuarndoo eh kuh oo meydeecoo pod veer?*
I'd like to make an appointment to see the doctor	Podia marcar-me uma consulta no médico? *poodia marcar muh ooma consoolta noo meydeecoo?*
I've got an appointment to see the doctor at...	Tenho uma consulta no médico às...horas *tenyoo ooma consoolta noo meydeecoo az...orash*
Which doctor/pharmacy has night/weekend duty?	Que médico/farmácia tem serviço nocturno/de fim de semana? *kuh meydeecoo/farmassia taim sairveesoo notoornoo/duh feem duh semarna?*

13.2 Patient's ailments

I don't feel well	Não me sinto bem *now muh seentoo baim*
I'm dizzy	Tenho tonturas *tenyoo tontoorash*
I feel ill	Sinto-me doente *seentoo muh dooent*
I feel sick	Sinto-me enjoado *seento muh enjooardoo*
I've got a cold	Sinto-me constipado *seento muh conshteepardoo*
It hurts here	Dói-me aqui *doy muh akee*
I've been throwing up	Vomitei *voomeetay*
I've got a headache	Tenho dor de cabeca *tenyoo door duh cabaysa*
I'm running a temperature of...degrees	Tenho...graus de febre *tenyoo...growsh duh febre*
I've been stung by a wasp	Fui picado por uma abelha *fwee peecardoo por ooma abelya*
I've been stung by an insect	Fui picado por um insecto *fwee picardoo por oom eensetoo*
I've been bitten by a dog	Fui mordido por um cão *fwee mordeedoo por oom cow*
I've been stung by a jellyfish	Fui mordido por uma alforreca *fwee mordeedoo por ooma alfooreka*
I've been bitten by a snake	Fui mordido por uma cobra *fwee mordeedoo por ooma cobbra*

I've been bitten by an animal	Fui mordido por um bicho fwee mordeedoo por oom beeshoo
I've cut myself	Cortei-me cortay muh
I've burned myself	Queimei-me kaymay muh
I've grazed myself	Fiz um arranhão feez oom aranyow
I've had a fall	Caí ky
I've sprained my ankle	Torci o tornozelo torsee oo toornnzeloo
I've come for the morning-after pill	Venho pedir uma pílula `morning-after' venyoo pedeer ooma peeloola 'morning-after'

.3 The consultation

O que tem?	What seems to be the problem?
Há quanto tempo sofre disto?	How long have you had these symptoms?
Já teve isto antes?	Have you had this trouble before?
Que febre tem?	How high is your temperature?
Podia despir-se, se faz favor?	Get undressed, please
Podia despir-se da cintura para cima?	Strip to the waist
Pode despir-se ali	You can undress there
Puxe a manga esquerda/direita para cima?	Roll up your left/right sleeve
Deite-se aqui	Lie down here
Isto faz-lhe doer?	Does this hurt?
Respire fundo	Breathe deeply
Abra a boca	Open your mouth

Patient's medical history

I'm a diabetic	Sofro de diabetes sofroo duh deeabetsh
I have a heart condition	Sofro do coração sofroo doo coorasow
I have asthma	Sofro de asma sofroo di ajma
I'm allergic to...	Sou alérgico a... soe alergeeco ah...
I'm...months pregnant	Estou grávida de...meses eshtoe graveeda duh...meyzesh
I'm on a diet	Estou de dieta eshtoe duh deeayta
I'm on medication/the pill	Tomo medicamentos/a pílula tomoo medeecamentoosh/a peeloola

I've had a heart attack once before	Já tive outro ataque cardíaco
	jah teev ohtroo atak cardeeacoo
I've had a...operation	Fui operado de...
	fwee operardoo duh...
I've been ill recently	Estive doente recentemente
	eshteev dooent recentemente
I've got an ulcer	Tenho uma úlcera
	tenyoo ooma oolsera
I've got my period	Estou com a menstruação
	eshtoe com a menshtrooasow

The diagnosis

Is it contagious?	É contagioso?
	eh contajiozoo?
How long do I have to stay...?	Quanto tempo tenho de ficar...?
	cuarntoo tempoo tenyoo duh feecar...?
– in bed	Quanto tempo tenho de ficar de cama?
	cuarntoo tempoo tenyoo duh feecar duh camma?
– in the hospital	Quanto tempo tenho de ficar no hospital?
	cuarntoo tempoo tenyoo duh feecar noo oshpeetal?

É alérgico a qualquer coisa?	Do you have any allergies?
Toma medicamentos?	Are you on any medication?
Faz qualquer dieta?	Are you on any sort of diet?
Está grávida?	Are you pregnant?
Está vacinado contra o tétano?	Have you had a tetanus vaccination?
Não é nada de grave	It's nothing serious
Partiu o/a...	You've broken your...
Magoou o/a...	You've bruised your...
Estalou o/a...	You've split your...
Tem uma inflamacão	You've got an infection
Tem uma apendicite	You've got appendicitis
Tem uma bronquite	You've got bronchitis
Tem uma doença venérea	You've got a venereal disease
Tem uma gripe	You've got the flu
Teve um ataque cardíaco	You've had a heart attack
Tem uma infecção (provocada por um vírus/uma bactéria)	You've got an infection (viral/bacteria)
Tem uma infecção pulmonar	You've got pneumonia
Tem uma úlcera	You've got an ulcer
Distendeu um músculo	You've pulled a muscle
Tem uma infecção na vagina	You've got a vaginal infection
Tem uma intoxicação de alimentos	You've got food poisoning

Sickness

13

Apanhou uma insolação	You've got sunstroke
É alérgico a...	You're allergic to...
Está grávida	You're pregnant
Tem de fazer análises ao sangue/à urina/às fezes	You'll need to have your blood/urine/stools tested
Tem de levar pontos	It needs stitching
Tem de ir a um especialista/para o hospital	I'm referring you to a specialist/sending you to the hospital
Tem de tirar radiografias	You'll need to have some x-rays taken
Pode aguardar ainda na sala de espera, se faz favor?	Could you wait in the waiting room, please?
Tem de ser operado	You'll need an operation

Do I have to go on a special diet?	Tenho de fazer alguma dieta? *tenyoo duh fazair algooma diayta?*
Am I allowed to travel?	Posso viajar? *possoo veajar?*
Can I make a new appointment?	Posso marcar outra consulta? *possoo marcar ohtra conssoolta?*
When do I have to come back?	Quando é que tenho de voltar? *cuarndoo eh kuh tenyoo duh voltar?*
I'll come back tomorrow	Volto amanhã *voltoo armanyar*

Volte amanhã/daqui a...dias — Come back tomorrow/in...days' time

13.4 Medication and prescriptions

How do I take this medicine?	Como é que tenho de tomar este medicamento? *coemoo eh kuh tenyoo duh toomar esht medeecamentoo?*
How many pills/drops/injections/spoonfuls/tablets each time?	Quantas cápsulas/gotas/injecções/colheres/comprimidos de uma vez? *cuarntash capsoolash/gottash, eenjecsoynsh/coolyairesh/compreemeedosh di ooma vej?*
How many times a day?	Quantas vezes por dia? *cuarntash vayzesh por deeah?*
I've forgotten my medication. At home I take...	Esqueci-me dos meus medicamentos. Costumo tomar... *eshkessee muh doosh mayoosh meydeecamentoosh. coshtoomoo toomar...*
Could you write a prescription for me?	Podia passar-me uma receita? *poodia passar muh ooma ressayta?*

Receito-lhe um antibiótico/xarope/sedativo/analgésico	I'm prescribing antibiotics/a mixture/a tranquilizer/painkillers
Tem de descansar	You need to rest
Tem de ficar dentro de casa	Stay indoors
Tem de ficar na cama	Stay in bed

antes das refeições	before meals
cápsulas	pills
dissolver em água	dissolve in water
comprimidos	tablets
colheres (de sopa/de chá)	spoonfuls (tablespoons/teaspoons)
durante...dias	for...days
engolir inteiro	swallow whole
esfregar	rub on
gotas	drops
injecções	injections
pomada	ointment
...vezes por dia	...times a day
só para uso externo	only for external use
terminar a cura	finish the prescription
tomar	take
este medicamento pode influenciar a condução	this medication impairs your driving

13.5 At the dentist's

Do you know a good dentist?	Conhece um bom dentista? *coonyess oom bom denteeshta?*
Could you make a dentist's appointment for me? It's urgent	Podia marcar-me uma consulta no dentista? É urgente *poodia marcar muh ooma consoolta noo denteeshta? Eh oorgent*
Can I come in today, please?	Podia ser ainda hoje? *poodia sair ayeenda oarje?*
I have (terrible) toothache	Tenho (imensa) dor de dentes *tenyoo (eemensa) door duh dentesh*
Could you prescribe/give me a painkiller?	Podia receitar-me um analgésico? *poodia ressaytar muh oom analjezzeecoo?*
One of my teeth has cracked	Partiu-se um dos meus dentes *partyoo suh oom doosh mayoosh dentesh*
My filling's come out	O chumbo do dente caiu *oo choomboo doo dent cayoo*
I've got a cracked crown	Partiu-se a coroa *partyoo suh ah coroah*
I'd like/I don't want a local anaesthetic	Gostava/não gostava de anestesia local *goshtarv/now goshtarv duh aneshtezia loocal*
Can you do a temporary repair job?	Podia fazer um arranjo provisório? *poodia fazair oom arranjoo prooveesoryoo?*
I don't want this tooth pulled	Não quero que arranque este dente *now cairoo kuh arrank esht dent*

Sickness

My dentures are broken.   A minha dentadura partiu-se.
  Can you fix them?   Podia arranjá-la?
                           a meenya dentadoora partyoo suh.
                           Poodia arranjar la?

Que dente lhe dói?	Which tooth hurts?
Tem um abcesso	You've got an abscess
Tem de fazer um tratamento ao nervo	I'll have to do a root canal
Vou fazer uma anestesia local	I'm giving you a local anaesthetic
Tenho de chumbar/tirar/limar este dente	I'll have to fill/pull/file this tooth
Tenho de brocar	I'll have to drill
Abra a boca	Open your mouth
Feche a boca	Close your mouth
Bochechar	Rinse
Ainda sente dores?	Does it hurt still?

Sickness

13

In trouble

14.1 Asking for help 106

14.2 Loss 107

14.3 Accidents 107

14.4 Theft 108

14.5 Missing person 108

14.6 The police 109

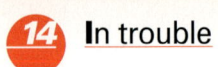 In trouble

14.1 Asking for help

Help!	Socorro!	socooroo!
Fire!	Fogo!	foegoo!
Police!	Polícia!	pooleecia!
Quick!	Depressa!	depressa!
Danger!	Perigo!	pereegoo!
Watch out!	Atenção!	atensow
Stop!	Páre!	parah!
Be careful!	Cuidado!	cweedardoo
Don't!	Não faça isso!	now fassa eessoo!
Let go!	Largar!	largar!
Stop that thief!	Apanhe o ladrão!	apanya oo ladrow!
Could you help me, please?	Podia ajudar-me?	poodia ajoodar muh?
Where's the police station/emergency exit/fire escape?	Onde é a polícia/a saída de emergência/a escada de incêndios?	ond eh a pooleecia/a sayeeda di emerjencia/a eshcarda di eencendyoosh?
Where's the nearest fire extinguisher?	Onde está o extintor?	ond eshtah oo eshteentor?
Call the fire department!	Chame os bombeiros!	shamma oosh bombayroosh!
Call the police!	Telefone à polícia	telefon ah pooleecia!
Call an ambulance!	Chame uma ambulância	shamma ooma amboolancia
Where's the nearest phone?	Onde é o telefone?	ond eh oo telefon?
Could I use your phone?	Posso usar o seu telefone?	possoo oozar oo sayoo telefon?
What's the emergency number?	Qual é o número de urgência?	cuarl eh oo noomeroo duh oorjensia?
What's the number for the police?	Qual é o número da polícia?	cuarl eh oo noomeroo da pooleecia?

14.2 Loss

I've lost my purse/wallet	Perdi o meu porta-moedas/a minha carteira
	pairdee oo mayoo porta mooaydash/a meenya cartayra
I lost my...yesterday	Ontem esqueci-me do meu/da minha...
	ontaim eshkecee muh doo mayoo/da meenya...
I left my...here	Deixei aqui o meu/a minha...
	dayshay akee oo mayoo/a meenya...
Did you find my...?	Encontrou o meu/a minha...?
	encontroe oo mayoo/a meenya...?
It was right here	Estava aqui
	eshtarva akee
It's quite valuable	É bastante valioso
	eh bashtant valiozoo
Where's the Lost and Found office?	Onde é a secção de perdidos e achados?
	ond eh a seksow duh pairdeedoos e achardoosh?

14.3 Accidents

There's been an accident	Houve um acidente
	ohve oom asseedent
Someone's fallen into the water	Caiu uma pessoa na água
	cayoo ooma pessoa nah agwa
There's a fire	Há fogo
	ha foegoo
Is anyone hurt?	Alguém está ferido?
	algaim eshtah fereedoo?
No one's been injured	Não há feridos
	now ah fereedoosh
Some people have been injured	Há alguns feridos
	ah algoons fereedoosh
There's still someone in the car/train	Ainda há uma pessoa no carro/comboio
	ayeenda hah ooma pessoa noo cahroo/comboyoo
It's not too bad. Don't worry	Não é nada. Não se preocupe
	now eh narda. Now suh preeocoop
Don't touch anything	Não mexa em nada
	now mesha aim narda
I want to talk to the police first	Queria falar primeiro com a polícia
	kerria falar preemayroo com a pooleecia
I want to take a photo first	Primeiro quero tirar uma fotografia
	preemayroo cairoo teerar ooma fotografeea
Here's my name and address	Tem aqui o meu nome e morada
	taim akee oo mayoo nom ee moorarda
Could I have your name and address?	Podia dar-me o seu nome e morada?
	poodia dar muh oo sayoo nom e moorarda?
Could I see some identification/your insurance papers?	Posso ver os seus documentos de identificação/o seu seguro?
	possoo vair oosh sayoosh docoomentoosh di eedentifeecasow/oo sayoo segooroo?

In trouble

14

Will you act as a _____ witness?	Quer ser testemunha?	
	care sair teshtemoonya?	
I need to know the details __ for the insurance	Tenho de saber os dados para o seguro	
	tenyoo duh sabbair oosh dardoosh parra oo segooroo	
Are you insured? _____	Tem um seguro?	
	taim oom segooroo?	
Third party or _____ all inclusive?	Contra terceiros ou contra todos os riscos?	
	contra tairsayroosh o contra toedoos oosh reeshcoosh?	
Could you sign here, _____ please?	Podia assinar aqui?	
	poodia asseenar akee?	

14.4 Theft

I've been robbed _____	Fui roubado
	fwee roobardoo
My...has been stolen _____	Roubaram-me o meu/a minha...
	roobaram muh oo mayoo/a meenya...
My car's been _____ broken into	Assaltaram-me o carro
	assalltaram muh oo cahroo

14.5 Missing person

I've lost my child/ _____ grandmother	Perdi o meu filho (a minha filha)/a minha avó
	pairdee oo mayoo feelyoo (a meenya feelya)/a meenya avoh
Could you help me _____ find him/her?	Podia ajudar-me a procurar?
	poodia ajoodar muh a procoorar?
Have you seen a _____ small child?	Viu uma criança pequena?
	veeoo ooma creeansa peekayna?
He's/she's...years old _____	Ele/ela tem...anos
	el/alla taim...arnoosh
He's/she's got _____ short/long/blond/red/ brown/black/gray/ straight/curly/frizzy hair	Ele/ela tem cabelo curto/comprido/louro/ ruivo/castanho/preto/grisalho/liso/ encaracolado/frizado
	el/ella taim cabayloo coortoo/rooeevoo/cashtanyoo/ praytoo/greesalyoo/leezoo/ aincarracoolardoo/freezardoo
in a ponytail _____	tem rabo de cavalo
	taim rarboo duh cavarloo
in braids _____	tem tranças
	taim transash
in a bun _____	tem um carrapito
	taim oom carrapeetoo
He's/she's got _____ blue/brown/green eyes	Os olhos são azuis/castanhos/verdes
	ooz olyoosh sow azweesh/castanyoosh/vairdsh
He's wearing swimming __ trunks/hiking boots	Tem uns calções de banho vestidos/uns sapatos de alpinismo calçados
	taim unsh calsoynsh de bahnyoo veshteedoosh/unsh sapartoosh di alpeeneejmoo calsardoosh

In trouble

14

with/without glasses/ a bag	com/sem óculos/saco
	com/saim occooloosh/sarcoo
tall/short	grande/pequeno
	grand/peekaynoo
This is a photo of him/her	Esta fotografia é dele/dela
	eshta fotoografeea eh del/della
He/she must be lost	Com certeza ele/ela se perdeu
	com sairtayza el/ella suh pairdayoo

14.6 The police

An arrest

I don't speak Portuguese	Não falo português
	now faloo poortoogayj
I didn't see that sign	Não vi aquele sinal
	now vee akel seenal
I don't understand what it says	Não compreendo o que significa
	now comprayendoo oo kuh seegneefeeca
I was only doing... kilometers an hour	Só vinha a...km por hora
	soh veenya a...km poor ora
I'll have my car checked	Vou levar o meu carro à oficina
	voe levvar oo mayoo cahro ah offeeseena
I was blinded by oncoming lights	Fiquei encadeado pelos faróis em sentido contrário
	feekay encaddeardoo pelloosh faroysh aim senteedoo contraryoo

---

Os seus documentos, se faz favor	Your registration papers, please
Excedeu a velocidade máxima	You were speeding
Está mal estacionado	You're not allowed to park here
Não pôs dinheiro no parquímetro	You haven't put money in the meter
As luzes não funcionam	Your lights aren't working
É uma multa de...escudos	That's a...escudos fine
Quer pagar agora?	Do you want to pay now?
Tem de pagar agora	You'll have to pay now

At the police station

I want to report a collision/missing person/rape	Venho declarar uma colisão/um desaparecimento/uma violação
	venyoo declarar ooma cooleesow/oom dezaparessimentoo/ooma veeoolasow
Could you make out a report, please?	Podia fazer um relatório, se faz favor?
	poodia fazair oom relatoryoo, suh faj favvor?
Could I have a copy for the insurance?	Posso levar uma cópia para o seguro?
	possoo levvar ooma copia parra oo segooroo?

In trouble

14

English	Portuguese	Pronunciation
I've lost everything	Perdi tudo	pairdee toodoo
I've no money at all. I'm desperate	Não tenho dinheiro nenhum. Estou desesperado	now tenyoo deenyayroo nenyoom. eshtoe deseshperardoo
Can you lend me some money?	Pode emprestar-me algum dinheiro?	poodia emprestar muh algoom deenyayroo?
I'd like an interpreter	Queria um intérprete	kerria oom eentairpret

Onde é que aconteceu?	Where did it happen?
O que é que perdeu?	What's missing?
O que é que foi roubado?	What's been taken?
Tem os seus documentos de identificação?	Do you have some identification?
A que horas aconteceu?	What time did it happen?
Quem são os outros?	Who are the others?
Há testemunhas?	Are there any witnesses?
Preencha isto, se faz favor	Fill this out, please
Assinar aqui, se faz favor	Sign here, please
Quer um intérprete?	Do you want an interpreter?

English	Portuguese	Pronunciation
I'm innocent	Estou inocente	eshtoe eenoosent
I don't know anything about it	Não sei nada	now say narda
I want to speak to someone from the American consulate	Queria falar com alguém do Consulado Americano	kerria falar com algaim doo consoolardoo ahmayreekano
I want to speak to someone from the American embassy	Queria falar com alguém da Embaixada Americana	kerria falar com algaim da embysharda ahmayreekana
I want a lawyer who speaks English	Queria um advogado que fale inglês	kerria oom advoogardoo kuh fal eenglayj

In trouble

14

Word list

Word list English - Portuguese

● **This word list** is meant to supplement previous chapters. In a number of cases, words not contained in this list can be found elsewhere in this book, namely alongside the diagrams of the car, the bicycle and the tent. Many food terms can be found in the Portuguese-English list in 4.7

A

about	acerca de	*asserca duh*
above, up	em cima	*aim seema*
abroad	estrangeiro	*eshtranjayroo*
accident	acidente	*assident*
adder	víbora	*veebora*
addition	soma	*somma*
address	morada	*mooradah*
adhesive tape	fita cola	*feeta colla*
admission	entrada	*entrarda*
admission price	preço de entrada	*praysoo duh entrarda*
advice	conselho	*consellyoo*
after	depois	*depoysh*
afternoon	tarde	*tard*
aftershave	loção para a barba	*loosow parra ah barba*
again	novamente	*novvament*
against	contra	*contra*
age	idade	*eedarde*
AIDS	Sida	*seeda*
air conditioning	ar condicionado	*ar condeesionardoo*
air mattress	colchão inflável	*colchow eenflarvel*
air sickness bag	saco para enjôo	*sarcoo parra ainjoh-oo*
airplane	avião	*avviow*
airport	aeroporto	*airoopoortoo*
alarm	alarme	*alarm*
alarm clock	despertador	*deshpairtadoor*
alcohol	âlcool	*alcoooll*
allergic	alérgico	*alergeecoo*
alone	só	*soh*
always	sempre	*sempra*
ambulance	ambulância	*amboolancia*
American	americano	*ahmayreekano*
amount	quantia, quantidade	*quarnteeah, quarnteedard*
amusement park	parque de diversôes	*park duh deevaisoynsh*
anaesthetize	anestesiar	*aneshteziar*
anchovy	anchovas	*anshovvash*
angry	zangado	*zangardoo*
animal	animal	*animarl*
ankle	tornozelo	*tornoozelloo*
answer	resposta	*reshposhta*
ant	formiga	*formeega*
antibiotics	antibióticos	*antibeeoteecoosh*
antifreeze	anticongelante	*anticongellant*
antique	antigo	*anteegoo*
antiques	antiguidades	*anteegweedardesh*
anus	ânus	*arnoosh*
apartment	apartamento	*apartamentoo*
aperitif	aperitivo	*aperiteevoo*
apologies	desculpas	*descoolpash*

English	Portuguese	Pronunciation
apple	maçã	massar
apple juice	sumo de maçã	soomoo duh massar
apple pie	tarte de maçã	tarte duh massar
appointment	consulta	consoolta
apricot	alperce	alpairce
April	abril	abreel
architecture	arquitectura	arkeetetoora
area	arredores	arredoresh
area code	indicativo da zona	eendeecateevoo da zona
arm	braço	brarsoo
arrange	combinar	combeenar
arrive	chegar	sheggar
arrow	seta	setta
art	arte	art
artery	artéria	arterrya
artichokes	alcachofras	alcashoffrash
article	artigo	arteegoo
artificial respiration	respiração artificial	reshpeerasow arteefeecial
ashtray	cinzeiro	seenzayroo
ask (question)	perguntar	pairgoontar
ask (for)	pedir	pedeer
asparagus	espargos	eshpargoosh
aspirin	aspirina	ashpeereena
assault	assalto	assaltoo
at home	em casa	aim carza
at last	afinal	afeenal
at night	à noite	ah noyt
at the back	atrás	atraj
at the front	à frente	ah frent
at the latest	no mais tardar	noo mysh tardar
August	agosto	agoshtoo
automatic	automático	owtoomateecoo
automatically	automaticamente	owtoomateecament
autumn	outono	ohtonoo
awake	acordado	acordardoo
awning	toldo	toldoo

B

English	Portuguese	Pronunciation
baby's bottle	biberão	beeberow
baby	bebé	baybay
baby car seat	cadeira para bébé	caddayra parra baybay
baby food	comida para bébé	comeeda parra baybay
babysitter	babysitter	baybeeseetair
back	costas	coshtash
backpack	mochila	mosheela
bacon	toucinho	toosseenyoo
bad	mau	mow
bad/off	estragado	eshtragardoo
bag (plastic)	saco (de plástico)	sarcoo duh plashteecoo
baker	padeiro	paddayroo
balcony (theater)	balcão	balcow
balcony (of building)	varanda	varanda
ball	bola	bolla
ballet	ballet	ballay
ballpoint pen	esferográfica	eshferoografeeca
banana	banana	bananna

Word list

15

bandage	ligadura	leegadoura
Bandaids	pensos	pensoosh
bangs (hair)	franja	franja
bank (river)	margem	marjaim
bank	banco	bancoo
bar (café)	café	cafay
bar (in one's room)	bar	bar
barbecue	churrasco	shoorashcoo
bath	banho	barnyoo
bath foam	espuma de banho	eshpooma duh barnyoo
bath towel	toalha de banho	tooalya duh barnyoo
bathing cap	touca de banho	toeca duh barnyoo
bathing suit	fato de banho	fartoo duh barnyoo
bathroom	casa de banho	carza duh banyoo
bathtub	banheira	banyayra
battery	pilha	peelya
battery	bateria	batareeya
be bored	aborrecer-se	abooressair-suh
be careful!	cuidado!	cweedardoo
be foggy	fazer nevoeiro	fazzair nevooayroo
be hungry	ter fome	tair fom
be in love with	estar namorado com	eshtar namorardoo com
be lost	perder-se	pairdair-se
be missing	faltar	faltar
be mistaken	enganar-se	ainganar-suh
beach	praia	prya
beautiful	lindo/belo	leendoo/ bella
beauty parlor	salão de beleza	salow duh bellayza
bed	cama	camma
bee	abelha	abellya
beef	carne de vaca	carn duh varca
beer	cerveja	sairvayja
beet	beterraba	betterrarb
begin	começar	coomessar
beginner	principiante	preenseepeeant
behind	atrás	atraj
belt	cinto	seentoo
beret	boina	booeena
berth	couchete	cooshet
better	melhor	melyor
bicarbonate of soda	bicarbonato de sódio	beecarboonartoo duh sohdew
bicycle	bicicleta	beeseecletta
bicycle pump	bomba de bicicleta	bomba duh beeseecletta
bicycle repair workshop	oficina de bicicletas	offiseena duh beeseeclettash
bikini	biquini	bee-kee-nee
bill	conta	conta
billiards, to play	jogar bilhar	joogar beelyar
birthday	aniversário	anneevairsareeyoo
birthday, to have a...	fazer anos	fazzair arnoosh
bite	morder	mordair
bitter	amargo	amargoo
black	preto	pretoo
bland	insêpido	eenseepeedoo
blanket	cobertor	coobertor
bleach (hair)	pintar de louro	peentar duh loroo

Word list

English	Portuguese	Pronunciation
bleeding nose	deitar sangue pelo nariz	daytar sang peloo nareej
blister	bolha	bolya
blond	louro	loroo
blood	sangue	sang
blood pressure	tensão arterial	tensow arterrial
blouse	blusa	blooza
blow dry	secar	seccar
blue	azul	azool
boat	barco	barcoo
body	corpo	corpoo
body milk	leite de beleza	layt duh bellayza
boiled	cozido	coozeedoo
boiled ham	fiambre	feeambr
bone	osso	ossoo
book	livro	leevroo
bookshop	livraria	leevrareeah
border	fronteira	frontayra
boring	monótono	monotoonoo
born/be born	nascido/nascer	nashseedoo/nashayr
borrow	pedir emprestado	pedeer aimpreshtardoo
botanical garden	jardim botânico	jardeem bootaneecoo
both	ambos	amboosh
bottlewarmer	aquecedor de biberões	akessedor duh beeberoynsh
bottle	garrafa	garraffa
box	caixa	kysha
box office	bilheteria	beelyetareeah
box (theater)	camarote	cammarot
boy	rapaz	rapaj
bra	soutien	sootyan
bracelet	pulseira	poolsayra
braised	estufado	eshtoofardoo
brake	travão	travow
brake fluid	líquido de travões	leekeedoo duh travoynsh
brake oil	óleo dos travões	ollyoo doosh travoynsh
brass	latão	latow
bread	pão	pow
break	partir	parteer
breakdown	avaria do motor	avaria doo motor
breakfast	pequeno almoço	peekaynoo almossoo
breast	peito	paytoo
bridge	ponte	pont
bring	trazer	trazair
brochure	brochura	brooshura
broken	estragado	eshtragardoo
broken	partido	parteedoo
broth	caldo	caldoo
brother	irmão	irmow
brown	castanho	cashtanyoo
bruise	magoar	magooar
brush	escova	eshcova
bucket	balde	balde
bug	bicho	beeshoo
bugs	insectos	eensetoosh
building	edifício	eedifeesyoo
buoy	bóia	boya

Word list

15

burglary	assalto	assaltoo
burn	queimar	kaymar
burn	queimadura	kaymadoora
burnt	queimado	kaymardoo
bus station	estação de camionetas	eshtasow duh camyoonetash
bus stop	paragem de autocarro	pararjaim duh owtoocahroo
bus, coach	autocarro	owtoocahroo
business class	classe de negócios	class duh negossyoosh
business trip	viagem de negócios	veearjaim duh negossioosh
busy	atarefado	atarrefardoo
busy (phone)	ocupado	ocupardoo
butcher	talho	talyoo
butter	manteiga	mantayga
buttered roll	pãozinho (com manteiga)	powzeenyoo (com mantayga)
button	botão	bootow
buy	comprar	comprar
by airmail	por correio aéreo	por coorayoo airayoo

C

cabbage	couve	cove
cabin on ship	camarote	camarot
café	café	cafay
cake	bolinho	boleenyoo
cake	bolo	boloo
cake shop	pastelaria	pastellereeah
call	telefonar	telefoonar
called (name)	chamar-se	shammar-suh
camera	máquina fotográfica	markeena fotografeeca
camp	acampar	acampar
camp fire	fogueira	foogayra
camp shop	loja	lohja
camp site	campismo	campeejmoo
camp site	parque de campismo	park duh campeejmoo
camper	carrinha de campismo	careenya duh campeejmoo
camping guide	guia de campismo	gueeah duh campeejmoo
camping permit	autorização de campismo	owtoreezasow duh campeejmoo
canal boat	barco de excursão	barcoo di eshcoorsow
cancel	anular	anoolar
candle	vela	vella
candy	bombom	bombom
canoe	canoa	canoah
canoe	fazer canoagem	fazzair canooarjaim
car	automóvel	owtoomohvel
car	carruagem	carruarjaim
car deck	porão de veículos	poorow duh vayeecooloosh
car documents	documentos do carro	docoomentoosh doo cahroo
cardigan	casaco	cazarcoo
carrot	cenoura	senora

English	Portuguese	Pronunciation
cartridge	carga de película fotogrâfica	carga duh peleecoola fottoograrfeeca
cashier	caixa	kysha
casino	casino	cazzeenoo
cassette	cassette	cassett
castle	castelo	cashteloo
cat	gato	gartoo
catalog	catálogo	catalogoo
cathedral	catedral	cataydral
cauliflower	couveflor	cove flor
cave	gruta	groota
CD	disco compacto (CD)	deeshcoo compactoo (sayday)
celebrate	festejar	feshtayjar
cemetery	cemitério	semmeeterryoo
center	(no) meio	(noo) mayoo
center (of town)	centro	centroo
centimeter	centímetro	senteemetroo
central heating	aquecimento central	akessimentoo centrarl
chair	cadeira	cadayra
chambermaid	camareira	camarayra
champagne	champanhe	shampanya
change (alter)	alterar	alterrar
change	mudar	moodar
change (transit)	fazer transbordo	fazzair transhbordoo
change	trocar	troocar
change currency	trocar dinheiro	troocar deenyayroo
change the baby's diaper	mudar a fralda	moodar ah fralda
change the oil	mudar o óleo	moodar oo ollyoo
chapel	capela	capella
charter flight	vôo charter	voe shartair
check (verb)	ver, controlar	vair, comtroolar
check	cheque	sheck
check card	cartão de cheques	cartow duh sheksh
check in	fazer o checkin	fazzair oo sheckeen
checked luggage	depósito de bagagem	depozzeetoo duh bagarjaim
cheers	à saúde	ah sow-ood
cheese (tasty, mild)	queijo (bem curado, mal curado)	kayjoo (baim coorardoo, mal coorardoo)
chef	cozinheiro-chefe	coozeenyayroo chef
cherries	cerejas	serayjash
chess, play	jogar xadrez	joogar jadrayj
chewing gum	pastilha elástica/chiclete	pashteelya eelashteeca/cheeclet
chicken	galinha, frango	galeenya, frangoo
child	criança	creeansa
child's seat	cadeira para bicicleta	cadayra parra beeseecletta
chilled	fresco	freshcoo
chin	queixo	kayshoo
chocolate	chocolate	shoocoolat
choose	escolher	eschoolyair
chop (meat)	costeleta	coshteletta
christian/given name	nome	nom
church	igreja	eegrayja
church service	missa	meessa

Word list

English	Portuguese	Pronunciation
cigar	charuto	charootoo
cigar shop	tabacaria	tabacareeah
cigarette	cigarro	seegarroo
circle	círculo	seercooloo
circus	circo	seercoo
city	cidade	seedard
city map	planta da cidade	planta da seedard
classical concert	concerto de música clássica	consairtoo duh mooseeca classeeca
clean	limpo	leempoo
clean, to	limpar	leempar
clearance	saldo	saldoo
closed	fechado	feshardoo
clothes	roupa	roepa
clothesline	corda de estender roupa	corda di eshtendair roepa
clothespins	molas para a roupa	mollash parra ah roepa
clothes hanger	cabide	cabeed
clothing	vestuário	veshtooaryoo
coat	casaco	cazarcoo
cockroach	barata	barata
cocoa	cacau	cackow
cocoa (drink)	leite com chocolate	layt com shoocoolat
cod	bacalhau fresco	bacalyow freshcoo
coffee	café	cafay
coffee filter	filtro de café	feeltroo duh cafay
cognac	conhaque	coonyack
cold (to be)	frio	freeoo
cold (to have a)	constipação	conshteepasow
collarbone	clavícula	claveecoola
colleague	colega	coolegga
collision	acidente	asseedent
collision	colisão	cooleezow
cologne	água de colônia	agwa duh collonia
color	cor	cor
color pencils	lápis de cor	larpeej duh coor
color TV	televisão a cores	televeesow ah cooresh
coloring book	livro para colorir	leevroo parra coloreer
comb	pente	pent
come	vir	veer
come back	regressar, voltar	regressar, voltar
compartment	compartimento	compartimentoo
complaint	dor	door
complaint	queixa	kaysha
complaints book	livro de reclamações	leevroo duh reclammasoynsh
completely	completamente	completament
compliment	cumprimento	coomprimentoo
compulsory	obrigatório	obrigatoryoo
concert	concerto	consairtoo
concert hall, theater	teatro	teeartroo
concussion	concussão cerebral	concoosow cerebral
condensed milk	leite condensado	layt condensardoo
condom	preservativo	presairvateevoo
congratulate	felicitar	feleeceetar
connection	ligação	leegasow
constipation	prisão de ventre	preezow duh ventre

consulate	consulado	consoolardoo
consultation	consulta	consoolta
contact lens	lente de contacto	lent duh contactoo
contact lens solution	fluido para lentes de contacto	flooidoo parra lentsh duh contactoo
contagious	contagioso	contajeeozoo
contraceptive pill	pílula anticoncepcional	peeloola anttconcepseeoonarl
cook	cozinheiro	coozeenyayroo
cook, to	cozinhar	coozeenyar
copper	cobre	cobbre
copy	cópia	cohpia
corkscrew	sacarolhas	sacca rollyash
corn flour	maizena	myzenna
corner	canto	cantoo
corner	esquina	eshkeena
correct	certo	sairtoo
correspond	corresponder	cooreshpondair
corridor	corredor	cooredoor
cot	cama de bebé	camma duh baybay
cotton	algodão	algoodow
cotton (antiseptic)	algodão	algoodow
cough	tosse	toss
cough syrup	xarope para a tosse	sharopp parra a toss
country	país	pyeej
country code	indicativo do país	eendeecateevoo
countryside	campoo	campoo
cousin	primo/prima	preemoo/preema
crab	caranguejo	carangayjoo
cracker	biscoito	beeshcoytoo
cream	creme/natas	crem/nartash
credit card	cartão de crédito	cartow duh credeetoo
croissant	croissant	croisson
cross (the road)	atravessar	atravessar
crossing	travessia	travessia
crossroads	passagem	passarjaim
cry	chorar	shoorar
cubic meter	metro cúbico	metroo coobeecoo
cucumber	pepino	pepeenoo
cuddly toy	boneco de peluche	booneckoo duh peloosh
cuff links	botões de punho	bootoynsh duh poonyoo
culottes	saia calça	syah calsa
cup	chávena	sharvena
curly	encaracolado	aincarracoolardoo
current	corrente	coorent
cushion	almofadinha	almoffardeenya
custard	creme	crem
customary	ê costume	eh coshtoom
customs	alfândega	alfandegga
customs	controle de alfândega	controll di alfandegga
cut	cortar	cortar
cutlery	talher	talyair
cycling	ciclismo	seecleejmoo

Word list

D

dairy	leiteria	laytereeah
damaged	danificado	danifeccardoo
dance	dançar	dansar
dandruff	caspa	cashpa
danger	perigo	perreegoo
dangerous	perigoso	perrigozoo
dark	escuro	eshcooroo
date	encontro	aincontroo
daughter	filha	feelya
day	dia	deeah
day before yesterday	anteontem	antiontaim
dead	morto	mortoo
decaffeinated	descafeinado	deshcafaynardoo
December	dezembro	dezembroo
deck chair	cadeira de praia	cadayra duh prya
declare (customs)	declarar	declarar
deep	profundo	proofoondoo
deep freeze	congelador	conjellador
deep sea diving	mergulho	mairgoolyoo
degrees	graus	graush
delay	atraso	atrarzoo
delicatessen	charcutaria	sharcootareeah
delicious	saboroso	saborohzoo
delicious	delicioso	delisseeohzoo
dentist	dentista	denteeshta
dentures	dentadura	dentadoora
deodorant	desodorizante	desodoreezant
department (in store)	secção	secksow
department store	armazém	armazaim
departure	partida	parteeda
departure time	hora de partida	ora duh parteeda
depilatory cream	creme depilatório	crem depeelatoryoo
deposit	sinal	seenal
dessert	sobremesa	sobremayza
destination	destino	deshteenoo
detergent	sabão em pó	sabow aim poh
destiny	destino	deshteenoo
develop	revelar	revelar
diabetic	diabético	deeabeteecoo
dial	marcar	marcar
diamond	diamante	deeamant
diaper	fralda	fralda
diarrhea	diarreia	deearraya
dictionary	dicionário	deesionaryoo
diesel	diesel	deezel
diesel oil	gasóleo	gazollyoo
diet	dieta	deeayta
difficulty	dificuldade	deefeeculdard
dining room	sala de jantar	sarla duh jantar
dining/buffet car	vagão restaurante	vagow reshtowrant
dinner	jantar	jantar
dinner jacket	smoking	smockeeng
direction	direcção	deeressow
directly	directo	deerectoo
dirty	sujo	soojoo
disabled	inválido	eenvalleedoo

Word list

15

disco	discoteca	*deeshcooteca*
discount	desconto	*deshcontoo*
dish	prato	*prartoo*
dish of the day	prato do dia	*prartoo doo deeah*
disinfectant	desinfectante	*dezeenfectant*
distance	distância	*deeshtarncia*
distilled water	água destilada	*agwa deshteelarda*
disturb	incomodar	*eencoomoodar*
disturbance	perturbação	*pairtoorbasow*
diving	mergulhar	*mairgoolyar*
diving board	prancha de saltos	*pransha duh saltoosh*
diving gear	equipamento para mergulhar	*ekeepamentoo parra mairgoolyar*
divorced	divorciado	*deevorceeardoo*
Do-it-yourself-shop	loja faça-você-mesmo	*loja fassa vossay mejmoo*
dizzy	tonto	*tontoo*
do	fazer	*fazzair*
doctor	médico	*mehdeecoo*
dog	cão	*cow*
doll	boneca	*booneca*
domestic	doméstico	*doomehsteecoo*
door	porta	*porta*
double bed	cama de casal	*camma duh cazal*
down	em baixo	*aim byshoo*
draft (air)	corrente de ar	*coorent di ar*
dream	sonhar	*soonyar*
dress	vestido	*veshteedoo*
dressing gown	roupão	*roepow*
drink	bebida	*bebbeeda*
drink	beber	*bebbair*
drinking water	água potável	*agwa pootarvel*
drive	conduzir	*condoozeer*
drive	motorista	*motoreeshta*
driving license	carta de condução	*carta duh condoosow*
drought	seca	*sayca*
dry	secar	*seccar*
dry	seco	*saycoo*
dry clean	limpar a seco	*leempar ah saycoo*
dry cleaner	limpeza a seco	*leempayza ah saycoo*
dry shampoo	champô seco	*shampoh saycoo*
during	durante	*doorant*
during the day	durante o dia	*doorant oo deeah*
duty free shop	loja franca	*loja franca*

E

ear	orelha/ouvido	*orelya/ohveedoo*
ear, nose and throat specialist	otorrinolaringologista	*otorreenoolareengoloojeeshta*
earache	dor de ouvidos	*door duh oeveedoosh*
eardrops	gotas para os ouvidos	*gotash parra ooz oeveedoosh*
early	cedo	*saydoo*
earrings	brincos	*breencoosh*
earth	terra	*tehrah*
earthenware	cerâmica	*serrameeca*
east	este	*esht*

English	Portuguese	Pronunciation
easy	fácil	farseel
eat	comer	comair
eczema	eczema	cczma
eel	enguia	aingueeah
egg	ovo	ohvoo
eggplant	beringela	berringella
electric	eléctrico	eletreecoo
electricity	electricidade	eletreesidard
elevator	elevador	eelevadoor
embassy	embaixada	embysharda
emergency brake	alarme	alarm
emergency exit	saída de emergência	syeeda duh emairjensia
emergency number	número de alarme	noomeroo duh alarm
emergency phone	telefone de emergência	telefon duh emairjensia
emergency triangle/ cone	triângulo de emergência	treeangooloo duh emairjensia
emery board	lima de unhas	leema duh oonyash
empty	vazio	vazeeoo
England	Inglaterra	eenglaterra
English, Englishman	inglês	eenglayj
enjoy	ter prazer	tair prezzair
entertainment (show) event	espectáculo	espetarcooloo
entertainment guide	revista de espectáculos	reveeshta duh espetarcooloosh
envelope	envelope	envellop
escort	acompanhante	acompanyant
evening (before 6pm)	tarde	tard
evening wear	traje de noite	trarge duh noyt
everything	tudo	toodoo
everywhere	por toda a parte	por toeda ah part
examine	examinar	eezameenar
excavations	escavações	eshcavasoynsh
excellent	óptimo	otteemoo
exchange	trocar	troocar
exchange office	casa de câmbio	caza duh cambyoo
exchange rate	câmbio	cambyoo
excursion	excursão	eshcoorsow
exhibition	exposição	eshpozisow
exit	saida	syeeda
expenses	despesas	deshpayzash
expensive	caro	caroo
explain	explicar	eeshpleecar
express	comboio rápido	comboyoo rapeedoo
external	externo	eeshtairnoo
eye	olho	olyoo
eyedrops	gotas para os olhos	gotash parra ooz olyoosh
eyeshadow	sombra	sombra
eye specialist	oftalmologista	oftalmolojeeshta
eyeliner	lápis para os olhos	larpeesh parra ooz olyoosh

F

English	Portuguese	Pronunciation
face	cara	cara
factory	fábrica	fabreeca
fair	feira	fayra

Word list

English	Portuguese	Pronunciation
fall	cair	kyeer
family	famÌlia	fameelia
famous	famoso	famozoo
far away	longe	lonj
farm	quinta	keenta
farmer	agricultor	agreecooltor
farmer's wife	mulher do agricultor	moolyair do agreecooltor
fashion	moda	mohda
fast	rápido	rapeedoo
father	pai	pie
fault	culpa	coolpa
fax, send a	enviar um fax	enveear oom fax
February	fevereiro	fevverayroo
feel	sentir	senteer
feel like	ter vontade	tair vontard
fence	vedação	veddasow
ferry	barco	barcoo
fever	febre	febre
fill a tooth	obturar um dente	obtoorar oom dent
fill out	preencher	pree-enshair
filling	obturação	obtoorasow
film	rolo fotográfico	rolloo fotoograrfeecoo
filter	filtro	feeltroo
find	achar	ashar
fine	multa	moolta
finger	dedo	daydoo
fire	fogueira	foogayra
fire	incêndio	eensendyoo
fire department	bombeiros	bombayroosh
fire escape	escada de emergência	eshcarda duh emmairjensia
fire extinguisher	extintor	eshteentor
first	primeiro	preemayroo
first aid	primeiros socorros	preemayroosh socorroosh
first class	primeira classe	preemayra class
fish, to	pescar	peshcar
fish	peixe	paysh
fishing rod	cana de pesca	carna duh peshca
fit	assentar	assentar
fitness club	centro de manutenção física	sentroo duh manootensow feeseeca
fitness training	treino de manutenção física	traynoo duh manootensow feeseeca
fitting room	gabinete de prova	gabeenet duh provva
fix/stick	colar/consertar	coollar/consairtar
flag	bandeira	bandayra
flash bulb	lâmpada do flash	lamparda doo flash
flash cube	flash em cubo	flash aim cooboo
flea market	feira da ladra	fayra da ladra
flight	vôo	voe
flight number	número do vôo	noomeroo duh voe
flood	inundação	eenoondasow
floor (building)	andar	andar
flour	farinha	fareenya
fly (insect)	mosca	moshca
fly (verb)	voar	vooar
fog	nevoeiro	nevooayroo

folding trailer	atrelado	atrelardoo
folkloric	folclórico	folclorreecoo
follow	seguir	segear
food	alimento	allymentoo
food poisoning	intoxicação alimentar	eentoxeecasow allimentar
foot	pé	peh
for	para	parra
for hire	aluga-se	alooga-suh
forbidden	proibido	prooeebeedoo
forehead	testa	teshta
foreign	estrangeiro	eshtranjayroo
forget	esquecer	eshkessair
fork	garfo	garfoo
form	impresso	eempressoo
fort	fortaleza	fortalayza
forward, send	enviar	ainveeyar
fountain	fonte	font
frame	armação	armasow
frank	franco	francoo
free	livre	leevre
free (of charge)	gratuito	gratooeetoo
free time	tempo livre	tempoo leevre
freeze	congelar	conjelar
French	francês	fransayj
French fries	batatas fritas	batartash freetash
fresh	fresco	freshcoo
Friday	sexta-feira	seshta fayra
fried	frito	freetoo
fried egg	ovo estrelado	ovoo shtrelardoo
friend	amigo	ameegoo
friendly	simpático	seemparteecoo
friendly	amigavel	ameegarvel
fright	medo	maydoo
fruit	fruta	froota
fruit juice	sumo de frutas	soomoo duh frootash
frying pan	frigideira	freejeedayra
full	cheio	shayoo
fun	divertimento	deevairteementoo

G

gallery	galeria	gallereea
game	jogo	jogoo
garage	garagem	gararjaim
garbage	lixo	leeshoo
garbage bag	saco do lixo	sarcoo duh leeshoo
garden	jardim	jardeem
gas station	estação de serviço/ posto de gasolina	eshtasow duh serveesoo/ poshtoo duh gazooleena
gasoline	gasolina	gazooleena
gastroenteritis	gastrenterite	gashtrentaireet
gauze	gaze	gaz
gear	velocidade	velossidard
gel	gel	jel
German	alemão	allaymow
get married	casar-se	cazar-suh
get off (e.g. a bus)	sair	syeer
gift	presente	present

gilt	dourado	doorardoo
ginger	gengibre	jenjeebre
girl	rapariga	rapareega
girlfriend	amiga	ameega
giro check	cheque dos correios	sheck doosh coorayoosh
giro guarantee card	cartão dos correios	cartow doosj coorayoosh
glass (for drinking)	copo	coopoo
glass (window)	vidro	veedroo
glasses (sun-)	óculos (de sol)	ocooloosh (duh sol)
glide	planar	plannar
glove	luva	loova
glue	cola	colla
gnat	mosquito	moshkeetoo
go	ir	ear
go back	regressar	regressar
go out	sair	syeer
goat's cheese	queijo de cabra	cayjoo duh cabra
gold	ouro	oroo
golf course	campo de golfe	campoo duh golf
gone	perdido	pairdeedoo
good afternoon	boa tarde	boa tard
good evening	boa noite	boa noyt
good morning	bom dia	bom deeah
good night	boa noite	boa noyt
good-bye	adeus	adayoosh
good-bye	despedida	deshpedeeda
grade crossing	passagem de nível	passarjaim duh neevel
gram	grama	grarma
grams	gramas	grarmash
grandchild	neto/neta	netoo/neta
grandfather	avô	avoe
grandmother	avó	avoh
grape juice	sumo de uva	soomoo di oova
grapefruit	toranja	tooranja
grapes	uvas	oovash
gray haired	grisalho	grizalyoo
grave	sepultura	sepooltoora
grease	gordura	gordoora
green	verde	vaird
green card	cartão verde	cartow vaird
greet	cumprimentar	coompreementar
grill	grelhar	grelyar
grilled	grelhado	grelyardoo
grocer's shop	mercearia	mercyareeah
groceries	artigos de mercearia	arteegoosh duh maircyareeah
ground	chão	shau
ground beef	carne picada	carn peecarda
group	grupo	groopoo
guest house	pensão	pensow
guide (person, book)	guía	gueeah
guided tour	viagem guiada	veearjaim gueearda
gynecologist	ginecologista	jeenaycolojeeshta

H

hair	cabelo	cabayloo
hairbrush	escova de cabelo	eshcova duh cabayloo

English	Portuguese	Pronunciation
hairdresser	cabeleireiro, barbeiro	cabelayrayroo, barbayroo
hairpins	ganchos de cabelo	ganshoosh duh cabayloo
hairspray	laca para o cabelo	laca parra oo cabayloo
hairstyle	penteado	pentyardoo
half	meio	mayoo
half	metade	metard
half full	meio cheio	mayoo shayoo
hammer	martelo	martelloo
hand	mão	mau
handbrake	travão de mão	travow duh mau
handbag	mala	mala
handicrafts	artesanato	artesanartoo
handkerchief	lenço	lensoo
handmade	feito à mão	faytoo ah mau
happy	alegre	allegre
harbor	porto	portoo
hard	duro	dooroo
hat	chapéu	shapayoo
have dinner	jantar	jantar
hayfever	febre do feno	febre doo fennoo
hazelnut	avelã	avelar
head	cabeça	cabaysa
headache	dor de cabeça	door duh cabaysa
health	saúde	sow-ood
health food shop	loja de artigos dietéticos	loja duh arteegoosh dee-eteteecoosh
hear	perceber	pairsebbair
hearing aid	aparelho auditivo	aparellyoo owdeeteevoo
heart	coração	coorasow
heart patient	cardíaco	cardeeacoo
heater	aquecimento	akessimentoo
heavy	pesado	pezardoo
heel	calcanhar	calcanyar
heel (shoe)	salto	saltoo
hello	óla	ohla
hello	viva	veeva
helmet	capacete	cappaset
help	ajudar	ajoodar
help	ajuda	ajooda
helping (food)	dose	doz
herbal tea	chá de ervas	shar di airvash
herbs	ervas	airvash
here	aqui	akee
here you have	aqui tem	akee taim
herring	arenque	arenk
high	alto	altoo
high tide	maré cheia	maray shaya
highchair	cadeira de bebé	cadayra duh baybay
highway	autoestrada	owtooshtrarda
hiking	andar a pé	andar ah peh
hiking (alpine)	alpinismo	alpeeneejmoo
hiking shoes	sapatos de alpinismo	sapartoosh duh alpeeneejmoo
hiking trip	excursão	eshcoorsow ah peh
hip	anca	anca
hire	alugar	aloogar
hitchhike	pedir boleia	pedeer bolaya

English	Portuguese	Pronunciation
hobby	hobby	*obby*
holdup	assalto	*assaltoo*
holiday	feriado	*ferriardoo*
holiday	férias	*ferryash*
holiday rental	casa de férias	*carza duh ferriash*
holiday village	aldeamento turístico	*aldayamentoo tooreeshteecoo*
homesickness	saudades	*sowdardesh*
honest	honesto	*hooneshtoo*
honey	mel	*mel*
hood (car)	tampa do motor	*tampa doo motor*
horizontal	horizontal	*oreezontarl*
horrible	horroroso	*ororohzoo*
horse	cavalo	*cavarloo*
hospital	hospital	*oshpeetarl*
hospitality	hospitalidade	*oshpeetalidad*
hot	quente	*kent*
hotwater bottle	botija	*booteeja*
hot	picante	*peecant*
hotel	hotel	*ottel*
hour	hora	*oara*
house	casa	*carza*
household items	artigos domésticos	*arteegoosh doomeshteecoosh*
houses of parliament	edifício parlamentar	*edeefeesyoo parlamentar*
housewife	dona de casa	*donna duh carza*
how?	como?	*cohmoo?*
how far?	a que distância?	*ah kay deeshtancia*
how long?	quanto tempo?	*cuarntoo tempoo?*
how much?	quanto?	*cuarntoo?*
hurricane	ciclone	*seeeclon*
hurry	pressa	*pressa*
husband	marido	*mareedoo*
hut	cabana	*cabarna*
hyperventilation	hiperventilação	*eepairventeelasow*

I

English	Portuguese	Pronunciation
ice cream	gelado	*jelardoo*
ice cubes	cubos de gelo	*cooboosh duh jayloo*
idea	ideia	*eedaya*
identification	documento de identificação	*docoomentoo duh identeefeecasow*
identify	identificar	*eedenteefeecar*
ignition key	chave de contacto	*sharv duh contactoo*
ill	doente	*dooent*
illness	doença	*dooensa*
imagine	imaginar	*eemajeenar*
immediately	imediatamente	*eemediatament*
import duty	direito de importação	*deeraytoo di eemportasow*
impossible	impossível	*eempoosseevel*
impressions	impressões	*eempressoynsh*
in	dentro	*dentroo*
in the evening	à noitinha	*ah noyteenya*
in the morning	de manhã	*duh manyar*
included	incluído	*eenclooydoo*

Word list

15

English	Portuguese	Pronunciation
included	inclusivo	eenclooseevoo
indicate	apontar	appontar
indicator	placa de sinalização	placa duh seenaleezasow
inexpensive	barato	barartoo
infection (viral/bacterial)	infecção (virótica/bacteriana)	eenfecksow (veeroteeca/bacteriana)
inflammation	inflamação	eenflammasow
influenza	gripe	greep
information	informação	eenformasow
information	dados	dardoosh
information desk	balcão de informações	balcow di eenformasoynsh
injection	injecção	eenjecksow
injured	ferido	ferreedoo
inner tube	câmara de ar	cammara di ar
innocent	inocente	eenoocent
insect	insecto	eensectoo
insect bite	picadela de insecto	peecadella di eensectoo
insect repellent	repellente contra mosquitos	repellent contra moshkeetoosh
inside	dentro	dentroo
insole	palmilha	palmeelya
instructions	instruções	eenshtroosoynsh
insurance	seguro	segooroo
intermission	intervalo	eentervarloo
international	internacional	eentairnacionarl
interpreter	intérprete	eentairpret
intersection	cruzamento	croozamentoo
introduce oneself	apresentar-se	aprezentar-suh
invite	convidar	conveedar
iodine	iodo	yod
Ireland	Irlanda	earlanda
iron	ferro	fehroo
iron, to	passar a ferro	passar ah ferroo
iron	ferro de passar	ferroo duh passar
ironing board	tábua de passar	tabooah duh passar
island	ilha	eelya
Italian	italiano	eetaliarnoo
itch	comichão	comeechow

J

English	Portuguese	Pronunciation
jack, monkey	macaco	makarkoo
jacket	casaco curto	cazarcoo coortoo
jam	doce	dose
January	janeiro	janayroo
jaw	maxilar	maksilar
jellyfish	alforreca	alfoorecka
jeweler	joalharia	jooalyareeah
jewelery	jóias	joyash
jog	fazer jogging	fazzair joggeeng
joke	piada	peearda
juice	sumo	soomoo
July	julho	joolyoo
jumper cables	cabos para ligar a bateria	carboosh parra leegar a batereeah
June	junho	joonyoo

K

key	chave	*sharv*
kilo	quilo	*keeloo*
kilometer	quilómetro	*keelometroo*
king	rei	*ray*
kiosk	quiosque	*keeoshk*
kiss (verb)	beijar	*bayjar*
kiss	beijo	*bayjoo*
kitchen	cozinha	*coozeenya*
knee	joelho	*jooelyoo*
knee socks	meias até o joelho	*mayash atay ow jooelyoo*
knife	faca	*facca*
knit	tricotar	*treecootar*
know	saber	*sabair*

L

lace	renda	*renda*
lace (shoe)	atacador	*attackadoor*
ladies' room	lavabos de senhoras	*lavarboosh duh senyorash*
lake	lago	*largoo*
lamp	lâmpada	*lamparda*
land	terra	*terra*
lane	faixa de rodagem	*fysha duh roodarjaim*
language	língua	*leengwa*
large	grande	*grand*
last (previous)	anterior	*anterrior*
last	último	*oolteemoo*
last night	ontem à noite	*ontaim ah noyt*
late	tarde	*tard*
later, already	já	*jah*
laugh	rir	*rear*
launderette	lavandaria	*lavandareeah*
law	direito	*diraytoo*
lawyer	advogado	*advoogardoo*
laxative	purgativo	*poorgateevoo*
leak	furo	*fooroo*
leather	pele/couro	*pel/cooroo*
leather goods	artigos de pele	*arteegoosh duh pel*
leave	partir	*parteer*
leek	alho francês	*alyoo fransayj*
left	esquerda	*eshcairda*
left	à esquerda	*ah eshcairda*
leg	perna	*pairna*
lemon	limão	*leemow*
lend	emprestar	*aimpreshtar*
lens	lente	*lent*
lentils	lentilhas	*lenteelyash*
less	menos	*menoosh*
lesson	lição	*leesow*
letter	carta	*carta*
lettuce	alface	*alfass*
library	biblioteca	*beebleeootehca*
lie	mentir	*menteer*
lie	deitarse	*daytarse*
lift (hitchhike)	boleia	*boolaya*
light (not dark)	claro	*claroo*
light (not heavy)	leve	*lev*

light	luz	loosh
light, to	acender	assendair
lighter	isqueiro	eeshkayroo
lighthouse	farol	farol
lightning	raio	ryoo
like	gostar de	goshtar duh
line	linha	leenya
linen	linho	leenyoo
lipstick	batôn	baton
liqueur	licor	leecor
liquorice	alcaçuz	alcasooj
listen	ouvir	ohveer
liter	litro	leetroo
literature	literatura	leeteratoora
little	pouco	pohcoo
live	morar	moorar
live together	viver junto	veevair joontoo
lobster	lagosta	lagoshta
local	local	loocal
lock	fechadura	feshadoora
long	comprido	compreedoo
long distance call	chamada interurbana	shamarda eenter oorbarna
long lasting	de longa duração	duh longa doorasow
look	olhar	oolyar
look for	procurar	procoorar
lose	perder	pairdair
loss	perda	pairda
lost	perdido	pairdeedoo
lost and found office	achados e perdidos	ashardoosh ee perdeedooz
lotion	loção	loosow
loud	alto	altoo
love, to	gostar/amar	goshtar/amar
love	amor	amor
low	baixo	byshoo
low tide	maré baixa	maray bysha
luck	sorte	sort
luggage	bagagem	bagarjaim
luggage locker	cofre de bagagem	cofre duh bagarjaim
lunch	almoço	almoesoo
lungs	pulmões	poolmoynsh

M

macaroni	macarrão	macarrow
machine (vending)	vendedor automático	vendador owtoomateecoo
madam	senhora	senyora
magazine	revista	reveeshta
mail	correio	coorayoo
mailbox	caixa de correio	kysha duh coorayoo
mailman	carteiro	cartayroo
main post office	correio central	coorayoo centrarl
main road	estrada	eshtrarda
make an appointment	marcar um encontro	marcar oom aincontroo
make love	fazer amor	fazzair amor

makeshift	provisório	prooveesoryoo
man	homem	omaim
manager	gerente	jerrent
mandarin (fruit)	tangerina	tanjereena
manicure	manicure	manicure
map	mapa	mapa
marble	mármore	marmora
March	março	marsoo
margarine	margarina	margareena
marina	marina	mareena
market	mercado	mercardoo
marriage, wedding	casamento	cazamento
married	casado	cazardoo
Mass	missa	meessa
massage	massagem	massarjaim
match	desafio/jogo	dezafyoo/jogoo
matches	fósforos	foshforoosh
matte	sem brilho	saim breelyoo
May	maio	myoo
maybe	talvez	talvayj
mayonnaise	maionese	myonez
mayor	presidente da câmara/prefeito	prezeedent da cammara/preffaytoo
meal	refeição	refaysow
mean	significar	seegneefeecar
meat	carne	carn
medication, medicine	medicamento/remédio	medicamentoo/remedyoo
meet	conhecer	coonyessair
melon	melão	melow
membership	adesão	adezow
menstruate	menstruar	menshtrooar
menstruation	menstruação	menshtruasow
menu	menu, ementa	menoo, ementa
menu of the day	menu do dia	menoo doo dia
message	mensagem	mensarjaim
metal	metal	mettal
meter (cab)	taxímetro	tackseemetroo
meter	metro	metroo
migraine	enxaqueca	ainshakeka
milk	leite	layt
millimeter	milímetro	meeleemetroo
mineral water	água mineral	agwa meeneral
minute	minuto	meenootoo
mirror	espelho	shpelyoo
miss	sentir a falta	senteer ah falta
missing person	desaparecido	dezaparesseedoo
mistake	erro	ehroo
mistake	engano	aingarnoo
misunderstanding	malentendido	mal entendeedoo
mixture	mistura	meeshtoora
modern art	arte moderna	art mooderna
molar	molar	moolar
moment	um momento	oom momentoo
monastery	mosteiro	mooshtayroo
Monday	segunda-feira	segoonda fayra
money	dinheiro	deenyayroo

Word list

English	Portuguese	Pronunciation
month	mês	*mayj*
moped	bicicleta motorizada	*beeceecletta mottooreezarda*
more and more	cada vez mais	*cadda vaij mysh*
morning-after pill	pílula `morning after'	*peeloola `morning-after'*
mosque	mesquita	*meshkeeta*
motel	motel	*mohtel*
mother	mãe	*my*
motor cross	motociclismo	*motooseecleejmoo*
motorbike	motocicleta	*motooseeclayta*
motorboat	barco a motor	*barcoo ah motor*
mountain	monte	*mont*
mountain hut	refúgio	*refoogyoo*
mouse	rato	*rartoo*
mouth	boca	*boca*
movie	filme	*feelm*
much/many	muito/muitos	*mweentoo/mweentoosh*
multistory parking lot	parque de vários andares	*park duh varyooz andaresh*
muscle	músculo	*mooshcooloo*
muscle spasms	cãibras	*kybraj*
museum	museu	*moosayoo*
mushrooms	cogumelos	*cogoomeloosh*
music	música	*mooseeca*
musical	musical	*mooseecal*
mussels	mexilhões	*mesheelyoynsh*
mustard	mostarda	*mooshtarda*

N

English	Portuguese	Pronunciation
nail	unha	*oonya*
nail (metal)	prego	*praygoo*
nail polish	verniz para as unhas	*verneej parra az oonyash*
nail polish remover	acetona para as unhas	*assaytona parra az oonyash*
nail scissors	tesoura de unhas	*tezora di oonyash*
naked	nu	*noo*
napkin	guardanapo	*gwardanarpoo*
nationality	nacionalidade	*nasionaleedad*
natural	naturalmente	*natooralment*
nature	natureza	*natoorayza*
naturism	naturismo	*natooreejmoo*
naturist beach	praia de naturistas	*prya duh natooreeshtash*
nauseous	enjoativo	*ainjooateevoo*
near	perto de	*pairtoo duh*
nearby	perto	*pairtoo*
necessary	necessário	*necessaryoo*
neck	pescoço	*peshcossoo*
necklace	fio	*feeoo*
nectarine	nectarina	*nectareena*
needle	agulha	*agoolya*
negative	negativo	*negateevoo*
neighbors	vizinhos	*veezeenyoosh*
nephew	sobrinho	*soobreenyoo*
never	nunca	*noonca*
new	novo	*nohvoo*
news	notícias	*nooteeciash*
newspaper	jornal	*jornal*

English	Portuguese	Pronunciation
next	seguinte	segeent
next to	ao lado	ow lardoo
nice (friendly)	simpático	seemparteecoo
nice (to taste)	agradável, bonito	agradarvel, booneetoo
niece	sobrinha	soobreenya
night	noite	noyt
night duty	serviço nocturno	sairveesoo noctoornoo
nightclub	clube nocturno	cloob noctoornoo
nightlife	vida nocturna	veeda noctoorna
no one	ninguém	neengaim
no	não	now
no passing	proibido de ultrapassar	prooeebeedoo duh ooltrapassar
noise	barulho	baroolyoo
nonstop	directo (sem paragens)	deerectoo (saim pararjainsh)
normal	normal	normal
north	norte	nort
nose	nariz	nareej
nose drops	gotas para o nariz	gotash parra oo nareej
notepaper	papel de escrever	papel duh eshcrevair
nothing	nada	narda
November	novembro	noovembroo
nowhere	em parte nenhuma	aim part nenyooma
number	número	noomeroo
number plate	matrícula	matreecoola
nurse	enfermeira	ainfairmayra
nutmeg	noz moscada	noj mooshcarda
nuts (mixed)	nozes (mistura)	nozesh (meeshtoora)

O

English	Portuguese	Pronunciation
October	outubro	ohtoobroo
odometer	contaquilómetros	conta keelometroosh
offer	oferecer	ofressair
office	escritório	eshcreetoryoo
oil	óleo	ollyoo
oil level	nível do óleo	neevel doo ollyoo
ointment	pomada	poomarda
ointment for burns	pomada contra queimaduras	poomarda contra kaymadurash
okay	de acordo	di acordoo
old	velho	velyoo
olive oil	azeite	azayt
olives	azeitonas	azaytonash
omelette	omeleta	omelayta
on	em cima de	aim seema duh
on board	a bordo	ah bordoo
on the right	direito	diraytoo
on the way	no caminho	noo cameenyoo
oncoming car	em sentido contrário	aim senteedoo contraryoo
oneway traffic	trânsito de sentido único	transeetoo duh senteedoo ooneecoo
onion	cebola	sebolla
open	aberto	abairtoo
open	abrir	abreer
opera	ópera	opera
operate	operar	operar

operator (telephone)	telefonista	telefoneeshta
operetta	opereta	operetta
opposite	em frente	aim frent
optician	oculista	occooleeshta
orange (color)	cor de laranja	coor duh laranja
orange	laranja	laranja
orange juice	sumo de laranja	soomoo duh laranja
orchestra (theater)	platéia	plataya
order (in -,) tidy	em ordem	aim ordaim
order	encomenda	aincoomenda
order, to	encomendar	aincoomendar
other	outro	ohtroo
other side	do outro lado	doo ohtroo lardoo
outside	fora	forra
overpass	viaduto	veeadootoo
oysters	ostras	oshtrash

P

packed lunch	merenda/lanche	merenda/lansh
pack (of cigarettes)	pacote (de cigarros)	packot (duh seegarroosh)
pacifier	chupeta	shoopeta
page	página	parjeena
pain	dor	door
painkiller	analgésico	analjezeecoo
paint	tinta	teenta
painting	pintura	peentoora
pajamas	pijama	peejama
palace	palácio	palassio
pan	panela	panella
pancake	crepe	crep
pane	vidro	veedroo
pants, briefs	cuecas	cooeckash
panty liner	penso de protecção	pensoo duh prootecsow
paper	papel	papel
paprika	pimento	peementoo
paraffin oil	petróleo	petrollyoo
parasol	chapéu de sol	shapayoo duh sol
parcel	encomenda postal	aimcoomenda pooshtal
parcel	pacote	packot
pardon	desculpe	deshcoolp
parents	pais	pysh
park	parque	park
park	estacionar	estassionar
parking space	lugar para estacionar	loogar parra eshtassionar
parsley	salsa	salsa
part (car)	peça	pessa
partition	separação	separação
partner	companheiro	companyayroo
party	festa	feshta
pass (road)	ultrapassar	ooltrapassar
passable (road)	transitável	transeetarvel
passenger	passageiro	passajayroo
passport	passaporte	passaport
passport photo	foto tipo passe	footoo teepoo pass
patient	doente	dooent
pavement	passeio/calçada	passayoo/calsarda
pay	pagar	paggar

English	Portuguese	Pronunciation
pay the bill	pagar a conta	*pagar a conta*
peach	pêssego	*pessaygoo*
peanuts	amendoins	*amendooeensh*
pear	pera	*paira*
peas	ervilhas	*airveelyash*
pedal	pedalo	*pedarloo*
pedestrian crossing	passagem para peões	*passarjaim parra peeoynsh*
pedicure	pedicure	*pedicure*
pen	caneta	*canetta*
pencil (hard/soft)	lápis (duro/macio)	*larpeej (dooroo/maseeyoo)*
penis	pénis	*penneej*
penknife	canivete	*canivet*
pepper	pimenta	*peementa*
performance (show)	representação	*representasow*
perfume	perfume	*perfoom*
perm (hair)	permanente	*permanent*
perm, to have a...	fazer uma permanente	*fazzair ooma permanent*
permit	licença	*leesensa*
person	pessoa	*pessoa*
personal	pessoal	*pessoal*
pets	animais de estimação	*animysh duh eshteemasow*
pharmacy	farmácia	*farmassia*
phone (tele-)	telefone	*telefon*
phone (verb)	telefonar	*telefoonar*
phone booth	cabine telefónica	*cabeen telefoneeca*
phone directory	lista telefónica	*leeshta telefoneeca*
phone number	número de telefone	*noomeroo duh telefon*
photo	fotografia	*fotografeea*
photocopier	máquina copiadora	*markeena copiadoora*
photocopy (verb)	fotocopiar	*fotoocoopiar*
photocopy	fotocópia	*fotoocopia*
pick up	ir buscar	*ear booshcar*
picnic	piquenique	*peekneek*
piece of clothing	peça de roupa	*pessa duh roepa*
pier	pontão/cais	*pontow/kysh*
pigeon	pombo	*pomboo*
pill (contraceptive)	pílula anticoncepcional	*peeloola anticonsepcional*
pillow	almofada	*almoofarda*
pillowcase	fronha	*fronya*
pin	alfinete	*alfeenet*
pineapple	ananás	*ananash*
pipe	cachimbo	*casheemboo*
pipe tobacco	tabaco para cachimbo	*tabacoo parra casheemboo*
pity	(ter) pena	*(tair) penna*
place of interest	lugares turísticos	*loogaresh tooreeshteecoosh*
plan	planta	*planta*
plant	planta	*planta*
plastic	plástico	*plashteecoo*
plate, dish, course	prato	*prartoo*

Word list

English	Portuguese	Pronunciation
platform	linha	leenya
platform	cais	kysh
play (theater)	peça de teatro	pessa duh teeartroo
play	brincar	breencar
play basketball	jogar basquetebol	joogar bashketboll
play checkers	jogar às damas	joogar as damash
play golf	jogar golfe	joogar golf
play tennis	jogar ténis	joogar teneej
playground	jardim infantil	jardeem eenfanteel
playing cards	cartas de jogar	cartash duh joogar
pleasant	agradável	agradarvel
please	se faz favor	suh faj favvor
pleasure	prazer	prazzair
plum	ameixa	amaysha
point	indicar	eendeecar
poison	veneno	venenoo
police	polícia	poleesia
police station	posto da polícia	poshtoo da poleesia
police officer	polícia	poleesia
pond	tanque	tank
pony	pónei	pohnay
pop concert	concerto de pop	consairtoo duh pop
population	população	poopoolasow
pork	carne de porco	carn duh porcoo
port (wine)	vinho do Porto	veenyoo doo portoo
porter	bagageiro	bagajayroo
porter	porteiro	portayroo
post (zip) code	código postal	codeegoo pooshtal
post office	agência do correio	ajencia do coorayoo
postage	porte	port
postcard	postal	pooshtal
potato	batata	batarta
potato chips	batatas fritas	batartash freetash
poultry	aves	arvesh
pound	libra	leebra
powdered milk	leite em pó	layt aim poh
power outlet	ligação eléctrica/ tomada	leegasow eeletreeca/ toomarda
prawns	camarões	cammaroynsh
precious	precioso	pressiozoo
prefer, to	preferir	prefereer
preference	preferência	preferensia
pregnant	grávida	graveeda
present	presente	prezzent
pressure	stress	shtress
price	preço	praysoo
price list	lista de preços	leeshta duh praysoosh
print	imprimir	eempreemeer
print (verb)	fazer cópias	fazair coppyash
print	cópia	cohpya
probably	provavelmente	proovarvelment
problem	problema	prooblayma
profession	profissão	proofeesow
program	programa	proograma
pronounce	pronunciar	proonunciar
propane/butane (camping gas)	gás de campismo (propano/butano)	gaj duh campeejmoo (proparnoo/bootarnoo)

English	Portuguese	Pronunciation
prune	ameixa seca	amaysha seca
pudding	pudim	poodeem
pull (tooth)	tirar (dente)	teerar (dent)
pull a muscle	distender um músculo	deeshtendair oom mooshcooloo
pure	puro	pooroo
purple	violeta	veeooleta
purse	portamoedas	porta mooaydash
push	empurrar	aimpurrar
puzzle	puzzle	puzzel

Q

quarter	quarto	cwartoo
quarter of an hour	quarto de hora	cwartoo duh ora
queen	rainha	ryeenya
question	pergunta	pairgoonta
quick	rápido	rapeedoo
quiet	calmo	calmoo

R

radio	rádio	rardyoo
railways	caminhos de ferro	cameenyoosh duh feroo
rain	chuva	shoova
rain, to	chover	choovair
raincoat	impermeável	eempairmeearvel
raisins	passas	passash
ramp	entrada para a rodovia	entrarda parra ah rodooveeah
rape	violação	veeolasow
rapids	cachoeiro	cashooayroo
raspberries	framboesas	frambooayzash
raw	cru	croo
raw vegetables	legumes crus	legoomesh croosh
razor blades	giletes	geeletsch
read	ler	lair
ready	pronto	prontoo
receipt	talão, recibo	tallow, resseeboo
recipe	receita	resayta
reclining chair	cadeira-cama	cadayra camma
recommend	recomendar	recoomendar
rectangle	rectângulo	retangooloo
red	encarnado/vermelho	encarnardoo/vermelyoo
red wine	vinho tinto	veenyoo teentoo
reduction	desconto	deshcontoo
refrigerator	frigorífico	freegoreefeecoo
regards	cumprimentos	coompreementoosh
region	região	rejiow
registered	registado	rejeeshtardo
registration document	livrete	leevret
relatives	família	fameelia
reliable	confiável	confeearvel
religion	religião	releegeeow
rent out	alugar	aloogar
repair	reparar/concertar	reparar/consairtar
repairs	reparações/consertos	reparasoynsh/consairtoosh

Word list

English	Portuguese	Pronunciation
repeat	repetir	repeteer
report	relatório	relatoryoo
resent	levar a mal	levar ah mal
reserve	reservar	reservar
reserved	reservado	reservardoo
responsible	responsável	responsarvel
rest	descansar	deshcansar
restaurant	restaurante	reshtowrant
result	resultado	resooltardoo
retired	reformado	reformardoo
return (ticket)	ida e volta (bilhete)	eeda ee vollta (beelyet)
reverse (vehicle)	fazer marcha atrás	fazair marsha atraj
rheumatism	reumatismo	rayoomateesjmoo
rice	arroz	arroj
ridiculous	estúpido/ridículo	eshtoopeedoo/reedeecooloo
riding (horseback)	andar a cavalo	andar ah cavarloo
riding school	picadeiro	peecadayroo
right	para a direita	parra ah dirayta
right of way (yield)	prioridade	preeorridard
ripe	maduro	madooroo
risk	risco	reeshcoo
river	rio	reeoo
road	rua	rooah
road service	pronto socorro	prontoo socorroo
roadway	estrada	estrarda
roasted	assado	assardoo
rock	rocha	rosha
roll	pãozinho (sem manteiga)	powzeenyoo (saim mantayga)
rolling tobacco	cigarro de enrolar	seegarroo di ainroolar
roof rack	portabagagem	porta bagarjaim
room	quarto	cwartoo
room number	número do quarto	noomeroo doo cwartoo
room service	serviço de quarto	sairveesoo duh cwartoo
rope	cordel/corda	cordel/corda
rosé	rosé	rozay
rotary	rotunda	rotoonda
route	caminho	cameenyoo
rowboat	barco à remos	barcoo ah remoosh
rubber	borracha	borasha
rubber band	elástico	elashteecoo
rubbish, nonsense	estupidez	eshtoopeedej
rude	malcriado	malcreeardo
ruins	ruínas	roo-eenash
run into	encontrar	aincontrar

S

English	Portuguese	Pronunciation
sad	triste	treesht
safari	safari	safaree
safe	seguro	segooroo
safe	cofre	cofre
safety pin	alfinete de segurança	alfeenet duh segooransa
sail	velejar	velejar
sailboat	barco à vela	barcoo ah vella
salad	salada	salarda

salad oil	óleo para salada	ollyoo parra salarda
salami	salame	salam
sale	saldo/liquidação	saldoo/leekeedasow
salt	sal	sal
same	mesmo	mejmoo
sandy beach	praia de areia	prya duh arraya
sanitary pad	penso higiénico	pensoo eegeneecoo
sardines	sardinhas	sardeenyash
satisfied	satisfeito	sateeshfaytoo
Saturday	sábado	sarbadoo
sauce	molho	molyoo
sauna	sauna	sowna
sausage (preserved)	chouriço	shooreesoo
savory	salgado	salgardoo
say	dizer	deezair
scarf	cachecol	cashcol
scenic walk	percurso turístico	paircoorsoo tooreeshteecoo
school	escola	shcola
scissors	tesoura	tezora
scooter	scooter	scootair
scorpion	escorpião	eshcorpyow
Scotland	Escócia	eshcossia
scrambled eggs	ovos mexidos	ovoosh mesheedoosh
screw	parafuso	parrafoozoo
screwdriver	chave de fenda	sharv duh fenda
sculpture	escultura	eshcooltoora
sea	mar	mar
seasick	enjoado	ainjoooardoo
seat	lugar sentado	loogar sentardoo
second	segundo	segoondoo
secondhand	segunda mão	segoonda mau
sedative	sedativo	sedateevoo
see, visit	visitar	veezeetar
send	enviar	ainvyar
sentence	frase	fraz
September	setembro	setembroo
serious, grave	grave	grarv
serious, responsible	sério	sairyoo
service	serviço	serveesoo
sewing thread	linhas de costura	leenyash duh coshtoora
shade	sombra	sombra
shallow	pouco fundo	pohcoo foondoo
shammy	camurça	camoorsa
shampoo	champô	shampoh
shark	tubarão	toobarow
shave	barbear	barbyar
shaver	máquina de barbear	markeena duh barbyar
shaving brush	pincel de barba	peensel duh barba
shaving cream	creme de barbear	crem duh barbyar
shaving soap	sabão de barbear	sabow duh barbyar
sheet	lençol	lensol
sherry	xerez	sherayj
shirt	camisa	cameeza
shoe	sapato	sapartoo
shoe polish	pomada de engraixar	poomarda di aingryshar
shoe shop	sapataria	sapattareeah

Word list

15

shoemaker	sapateiro	*sappatayroo*
shop	loja	*loja*
shop assistant	empregada	*aimpregarda*
shop window	montra	*montra*
shopping	fazer compras	*fazzair comprash*
shopping center	centro comercial	*sentroo coomerciarl*
short	curto	*coortoo*
short circuit	curtocircuito	*coortoo seercooeetoo*
shorts	calças curtas	*calsash coortash*
shoulder	ombro	*ombroo*
show	espectáculo	*eshpetarcoolooo*
shower	duche	*doosh*
shutter (camera)	diafragma	*deeafragma*
sieve	peneira	*penayra*
sign	painel/sinal	*pynel/seenal*
sign	assinar	*asseenar*
signature	assinatura	*assenatoora*
silence	silêncio	*seelensyoo*
silver	prata	*prarta*
silverplated	prateado	*pratyardoo*
simple	simples	*seemplesh*
single	solteiro	*soltayroo*
single	individual	*eendeeveedual*
single ticket	bilhete de ida	*beelyet duh eeda*
sir	senhor	*senyor*
sister	irmã	*eermar*
sit	sentar-se	*sentar-suh*
size	número	*noomeroo*
size	tamanho	*tamanyoo*
skate	patinar	*pateenar*
skimmed	meio gordo	*mayoo gordoo*
skin	pele	*pel*
skirt	saia	*syah*
sleep	dormir	*doormeer*
sleeping car	carruagem cama	*carruarjaim camma*
sleeping pills	comprimidos para dormir	*compreemeedoosh parra doormeer*
slide	diapositivo	*deeapozeeteevoo*
slow	devagar	*deevagar*
slow train	comboio ronceiro	*comboyoo ronsayroo*
small	pequeno	*peekenoo*
small change	dinheiro trocado, troco	*deenyayroo troocardoo, trocoo*
smell, to	cheirar mal	*shayrar mal*
smoke	fumo	*foomoo*
smoke	fumar	*foomar*
smoked	fumado	*foomardoo*
smoked dried ham, Parma style	presunto	*prezoontoo*
smoking compartment	carruagem para fumadores	*carruarjaim parra foomadoresh*
snake	serpente	*sairpent*
snorkel	máscara de mergulho	*mashcara duh mairgoolyoo*
soap	sabão	*sabow*
soap box	caixa de sabonete	*kysha duh saboonet*
soccer	futebol	*footbol*

Word list

15

140

soccer match	partida de futebol	parteeda duh footbol
socket	tomada	toomarda
socks	meias	mayash
soft drink	refresco/refrigerante	refreshcoo/refrijerant
sole (foot)	sola	solla
sole (fish)	linguado	leengwardoo
someone	alguém	algaim
sometimes	por vezes	por vayzesh
somewhere	em algum lugar	aim algoom loogar
son	filho	feelyoo
soon	já	jar
sorbet	sorvete	sorvet
sore/wound	ferida	fereeda
sore throat	dor de garganta	dor duh garganta
sorry	desculpe	deshcoolp
sort/type	espécie	eshpess
soup	sopa	soppa
sour	ácido	asseedoo
sour cream	natas azedas	nartash azaydash
source	fonte	font
south	sul	sool
souvenir	lembrança	lembransa
spaghetti	espaguete	shparget
spare	reserva	rezairva
spare parts	peças sobressalentes	pessash sobresalentesh
spare tire	pneu sobressalente	pnayoo sobresalent
spare wheel	roda sobressalente	rodda sobresalent
speak	falar	falar
special	especial	eshpessiarl
specialist	especialista	eshpessialeeshta
specialty	especialidade	eshpessialidade
speed limit	velocidade máxima	velossidard masseema
spell	soletrar	sooletrar
spicy	picante	peecant
splinter	farpa	farpa
spoon, spoonful	colher	coolyair
sport	desporto	deshportoo
sports center	centro de desportos	sentroo duh deshpoortoosh
spot (place)	lugar	loogar
sprain	torcer	torssair
spring	primavera	preemavayra
square	praça	prassa
square	quadrado	cuardrardoo
square meters	metro quadrado	metroo cuardrardoo
squash	jogar squash	joogar squash
stadium	estádio	shtardyoo
stain	nódoa	noddooah
stain remover	tiranódoas	teer noddooash
stairs	escada	eshcarda
stamp	selo	selloo
start	começar	coomehsar
station	estação	eshtasow
statue	estátua	eshtartooah
stay (accommodation)	hospedar-se	oshpedar-se
stay (be)	ficar	feecar

Word list

stay	estadia	eshtadeeah
steal	roubar	roobar
steel	aço	ahsoo
stench	mau cheiro	mau shayroo
sting	picar	peecar
stitch (medical)	ponto	pontoo
stitch, to	coser	coozair
stockings	meias	mayash
stomach	estômago/barriga	eshtomagoo/bareega
stomachache	dor de barriga/ estômago	door duh bareega/ eshtomagoo
stomach cramps	cólica	colleeca
stools	fezes	fayzesh
stop, to	parar	parrar
stop	paragem	pararjaim
stopover	escala	eshcala
storm	tempestade	tempashtard
straight	liso	leezoo
straight ahead	em frente	aim frent
straw	palhinha	palyeenya
strawberries	morangos	moorangoosh
street	rua	rooah
strike	greve	grev
stroller	carrinho de bébé	carreenyoo duh baybay
strong	forte	fort
study	estudar	eshtoodar
stuffing	recheio	reshayoo
subscriber's number	número de telefone/ assinante	noomeroo duh telefon/asseenant
subtitled	legendado	lejendardoo
subway	metropolitano	metroopooleetarnoo
subway station	estação de metropolitano	eshtasow duh metroopooleetarnoo
succeed	sair bem	syer baim
sugar	açúcar	assoocar
sugar lumps	cubos de açúcar	cooboosh di assoocar
suit	fato	fartoo
suitcase	mala	mala
summer	verão	verow
summertime	horário de verão	oraryoo duh verow
sun	sol	sol
sun hat	chapéu de sol	shapayoo duh sol
sunbathe	tomar banho de sol	toomar banyoo duh sol
Sunday	domingo	doomeengoo
sunglasses	óculos de sol	ocooloosh duh sol
sunrise	nascer do sol	nashsair doo sol
sunset	pôr do sol	por doo sol
sunstroke	insolação	eensolasow
suntan lotion	creme solar	crem soolar
suntan oil	óleo solar	ollyoo soolar
supermarket	supermercado	supairmaircardoo
surcharge	suplemento	sooplementoo
surf	fazer surfe	fazzair surf
surf board	prancha de surfe	pransha duh surf
surgery	consultório	consooltoryoo
surname	apelido	apelleedoo
surprise	surpresa	soorprayza

swallow	engolir	aingooleer
swamp	pântano	pantarnoo
sweat	suor	soo-or
sweater	camisola	cameezola
sweet (sugar)	rebuçado	reboosardoo
sweet (nice)	amoroso	amorozoo
sweet (dessert)	doce	dose
sweet corn	milho	meelyoo
sweeteners	adoçantes	adoosantesh
sweets (desserts)	doces	dosesh
swim	nadar	nadar
swimming pool	piscina	peeshseena
swimming trunks	calções de banho	calsoynsh duh barnyoo
swindle	fraude	frowd
switch	interruptor	eenterruptor
synagogue	sinagoga	seenagoga
syrup	xarope	sharop

T

table	mesa	mayza
table tennis	ténis de mesa	teneej duh mayza
tablet	comprimido	compreemeedoo
take a photograph	tirar uma fotografia	teerar ooma fotografeeah
take	tomar	toomar
take, last	durar	durar
taken, engaged	ocupado	occoopardoo
talcum powder	(pó de) talco	(poh duh) talcoo
talk	falar	falar
talk to (intimately)	paquerar	pakerrar
tall	alto	altoo
tampons	tampões	tampoynsh
tanned	bronzeado	bronzyardoo
tap	torneira	tornayra
tap water	água da torneira	agwa da tornayra
taste	provar	proovar
taxi	táxi	tarksy
taxi rank	praça de táxis	prassa duh tarkseesh
tea	chá	shar
teapot	bule	bool
teaspoon	colher de chá	coolyair duh shar
telegram	telegrama	telegrarma
telephoto lens	teleobjectiva	tele objeteeva
television	televisão	televeesow
telex	telex	telex
temperature (weather)	temperatura	temperatoora
temporary filling	obturação temporária	obtoorasow temporaria
tender	tenro	tenroo
tennis ball	bola de ténis	bola duh teneej
tennis court	campo de ténis	campoo duh teneej
tennis racket	raquete de ténis	raket duh teneej
tenpin bowling	jogar bowling	joogar bowling
tent	tenda	tenda
tent peg	espia/estaca	eshpeea/eshtarca
terrace	esplanada	eshplanarda
terribly	terrivelmente	terreevelment
thank	agradecer	agradaysair

thank you	muito obrigado	mweentoo obrigardoo
thanks	obrigado	obrigardoo
the day after tomorrow	depois de amanhã	dcpoysh di amanyaı
theater	teatro	teeartroo
theft	roubo	roeboo
there	ali	alee
thermal bath	banho termal	barnyoo termal
thermometer	termómetro	termometroo
thick	espesso	eshpessoo
thief	ladrão	ladrow
thigh	coxa	cosha
thin	fino	feenoo
thin	magro	magroo
things	coisas	coyzash
think	pensar	pensar
third	terço/terceiro	tairsoo/tairsayroo
thirsty, to be	ter (estar com) sede	tair (eshtar com) sed
this afternoon	esta tarde	eshta tard
this evening, tonight	esta noite	eshta noyt
this morning	esta manhã	eshta manyar
thread	fiozinho/linha	feeyoozeenyoo/leenya
throat	garganta	garganta
throat lozenges	pastilhas para a garganta	pashteelyash parra a garganta
thunderstorm	trovoada	troovooarda
Thursday	quinta-feira	keenta fayra
ticket	bilhete	beelyet
ticket window, bank counter	guiché	gueeshay
tickets	bilhetes	beelyetsch
tidy	arrumar	arroomar
tie	gravata	gravata
tights	collants	collan
time	tempo	tempoo
timer	timer	timer
timetable	horário	oraryoo
tin can	lata	larta
tip	gorjeta	gorjeta
tire	pneu	pnayoo
tire lever	desmontador	dejmontador
tire pressure	pressão dos pneus	pressow doosh penayoosh
tissues	lenços de papel	lensoosh duh papel
toast (drink)	brinde	breend
toast (bread)	torrada/tosta	toorarda/toshta
tobacco	tabaco	tabarcoo
today	hoje	oarge
toe	dedo do pé	daydoo doo peh
together	juntos	joontoosh
toilet	lavabos	lavarboosh
toilet paper	papel higiénico	papel eegeneecoo
toiletries	artigos de toilete	arteegoosh duh twalet
tomato	tomate	toomat
tomato purée	puré de tomate	pooray duh toomat
tomato sauce	ketchup	keshoop
tomorrow	amanhã	amarnyar
tongue	língua	leengwa
tonic water	água tónica	agwa toneeca

English	Portuguese	Pronunciation
too much	demais	demysh
tools	ferramenta	ferramenta
tooth	dente	dent
toothache	dor de dentes	door duh dentsh
toothbrush	escova de dentes	eshcova duh dentsh
toothpaste	pasta de dentes	pashta duh dentsh
toothpick	palito	paleetoo
top up	encher	ainshair
total	total	tootal
tough	duro	dooroo
tour	passeio (turístico)	passayoo (tooreeshteecoo)
tour guide	guía turístico	gueeah tooreeshteeco
tourist class	classe turística	class tooreeshteeca
Tourist Information office	agência de turismo	ajencia duh tooreejmoo
tourist menu	ementa turística	ementa tooreeshteeca
tourist ticket	bilhete turístico	beelyet tooreeshteeco
tow, to	rebocar	reboocar
towel	toalha	tooalya
tower	torre	torr
towing cable	cabo para rebocar	carboo parra reboocar
town	cidade	sidarde
town hall	câmara municipal	carmara mooneeceepal
toys	brinquedo	breenkaydoo
traffic	trânsito	transeetoo
traffic light	semáforo	semafforoo
trailer	roulotte	roolott
train	comboio	comboyoo
train ticket	bilhete de combóio	beelyet duh comboyoo
train timetable	horário de combóio	oraryoo duh comboyoo
trainers	ténis	teneej
translate	traduzir	tradoozeer
travel	viajar	veeajar
travel agent	agência de viagens	ajencia duh veearjainsh
travel guide	guia	gueeah
traveler	viajante	veeajant
traveler's check	traveller cheque	traveller sheck
treatment	tratamento	tratamentoo
triangle	triângulo	treeangooloo
trim (hair)	aparar	apparrar
trip	passeio	passayoo
trip	excursão	eshcoorsow
trip	viagem	veearjaim
trip	voltinha	volteenya
trouble	dor	door
trout	truta	troota
truck	camião	cammyow
trustworthy person	pessoa de confiança	pessoa duh confeeansa
try on	provar	proovar
tube	bisnaga	beejnarga
Tuesday	terça-feira	tairsa fayra
tumble drier	máquina de secar	markeena duh seccar
tuna	atum	atoom
tunnel	túnel	toonel
turn	turno	toornoo
TV	TV	tayvay

TV guide	guia de TV	gueeah duh tayvay
tweezers	pinça	peensa

U

ugly	feio	fayoo
umbrella	chapéu de chuva	shapayoo duh shoova
under	em baixo	aim byshoo
underground railway system	rede de metropolitano	red duh metroopooleetarnoo
understand	compreender	compree-endair
underwear	roupa interior	roepa eenterrior
undress	despir	despeer
unemployed	desempregado	dezaimpregardoo
uneven	acidentado	assdentardoo
university	universidade	ooniversidarde
unleaded	sem chumbo	saim shoomboo
urgent	urgente	oorgent
urgently	urgentemente	oorgentment
urine	urina	ooreena
usually	geralmente	gerarlment

V

vacate	desocupar	dezocoopar
vaccinate	vacinar	vasseenar
vagina	vagina	vajeena
vaginal infection	infecção vaginal	eenfecksow vajeenal
valid	válido	valleedoo
valley	vale	val
valuable	valioso	vallyoezoo
van	carrinha	careenya
vanilla	baunilha	bowneelya
vase	jarra	jahra
vaseline	vaselina	vasseleena
veal	carne de vitela	carn duh veetela
vegetable soup	sopa de legumes	soppa duh legoomesh
vegetables	legumes	legoomesh
vegetarian	vegetariano	vejetaryarnoo
vein	veia	veya
venereal disease	doença venérea	dooensa venerria
via	através de	atravej duh
video camera	cámara de vídeo	camara duh veedyoo
video recorder	gravador de vídeo	gravvadoor duh veedyoo
video tape	cassette de vídeo	casset duh veedyoo
view	vista	veeshta
village	aldeia	aldaya
visa	visto	veeshtoo
visit	visita	vizeeta
vitamin tablets	vitaminas em comprimido	veetameenash aim compreemeedoo
vitamin	vitamina	veetameena
volcano	vulcão	voolcow
volleyball, to play	jogar voleibol	joogar volaybol
vomit	vomitar	voomeetar

W

wait	esperar	eshperar
waiter	empregado/garçom	empregardoo/garsoom

English	Portuguese	Pronunciation
waiting room	sala de espera	sarla di eshpaira
waitress	empregada	empregarda
wake up	despertar	deshpairtar
Wales	Gales	garlesh
walk	passeio	passayoo
walk	passear	passayar
walk	andar	andar
wallet	carteira	cartayra
wardrobe	guardaroupa	gwarda roepa
warm, heat	calor	calor
warn	avisar	aveezar
warning	aviso	aveezoo
wash	lavar	lavar
washing	roupa	roepa
washing machine	máquina de lavar	markeena duh lavar
wasp	vespa	veshpa
watch, clock	relógio	relogyoo
water	água	agwa
waterfall	queda d'água	kayda di agwa
waterproof	impermeável	eempairmeearvel
waterski	esqui aquático	eshkee akwateecoo
wavepool	jacuzzi	jacoozi
way	lado/direcção	lardoo (deeressow)
we	nós	noj
weak	fraco	frarcoo
weather	tempo	tempoo
weather forecast	boletim meteorológico	boleteem metrolojeecoo
wedding	casamento	cazzamentoo
Wednesday	quarta-feira	cwarta fayra
week	semana	semarna
weekend	fim de semana	feem duh semarna
weekend duty	serviço de fim de semana	sairveesoo duh feem duh semarna
weekly ticket	passe semanal	pass semarnal
welcome	bem vindo	baim veendoo
well-cooked	bem passado	baim passardoo
well, good	bom/bem	bom/baim
west	oeste	wesht
wet	húmido	oomeedoo
wet (weather)	chuvoso	shoovozoo
wetsuit	fato de surfe	fartoo duh surf
what?	o quê?	oo kay?
wheel	roda	rodda
wheelchair	cadeira de rodas	cadayra duh roddash
when?	quando?	cwarndoo
where?	onde?	ond
which?	qual?	cwarl
whipped cream	chantilly	shanteelee
white	branco	brancoo
white kidney beans	feijão branco	fayjow brancoo
who?	quem?	kaim
whole wheat	integral	eentegral
whole wheat bread	pão integral	pow eentegral
why?	porquê?	porkay?
wide-angle lens	objectiva de grande abertura	objeteeva duh grand abairtoora

Word list

147

English	Portuguese	Pronunciation
widow	viúva	veeoova
widower	viúvo	veeoovoo
wife	mulher/esposa	moolyair/eshpoza
wind	vento	ventoo
windbreak	páravento	parra ventoo
windmill	moinho	mooeenyoo
window	janela	janella
windshield wiper	limpa pára-brisas	leempa parra-breezash
wine	vinho	veenyoo
wine list	lista de vinhos	leeshta duh veenyoosh
wine shop	casa de vinhos	carza duh veenyoosh
winter	inverno	eenvairnoo
witness	testemunha	teshtemoonya
woman	mulher	moolyair
wood	madeira	madayra
wool	lã	lar
word	palavra	palavra
work	trabalho	trabalyoo
working day	dia útil	deeah ooteel
worn	usado	oosardoo
worried	preocupado	preeoccupardoo
wound	ferida	fereeda
wrap	embrulhar	aimbroolyar
wrench	chave de porcas	sharv duh porcash
wrist	pulso	poolsoo
write	escrever	eshcrevair
writing pad (squared, lined)	bloco (quadrado, pautado)	blohkoo (qwardrardoo, powtardoo)
written	por escrito	por shcreetoo
wrong	errado	errardoo

Y

English	Portuguese	Pronunciation
yacht	iate	yat
year	ano	arnoo
yellow	amarelo	amarelloo
yes	sim	si
yes, please	sim, se faz favor	si, suh faj favvor
yesterday	ontem	ontaim
yogurt	iogurte	yogoort
you (polite)	o senhor	oo senyor
you	você	vossay
you too	igualmente	eegwalment
youth hostel	albergue de juventude	albairg duh jooventood

Z

English	Portuguese	Pronunciation
zipper	fecho de correr	feshoo duh coorair
zoo	jardim zoológico	jardeem zoo-oloojeecoo
zucchini	courgete	corjet

Basic grammar

1. Definite and indefinite articles – **the** and **a**

Apart from verbs and adverbs, words in Portuguese are either masculine or feminine with **o** or **a** being the definite article and **um** or **uma** the indefinite article:

	Singular	Plural	
Masculine	*o*	*os*	- the
Feminine	*a*	*as*	- the
Masculine	*um*	*uns*	- some
Feminine	*uma*	*umas*	- some

e.g. *um homem/uns homens* (a man/some men)

The definite/indefinite article, the noun, verb and adjectives all correspond to each other in terms of number and gender,
e.g. *O homem cansado entrou no banco* (The tired man went into the bank)

2. Plural

Adding an **s** is usually sufficient:
casa/casas (house/houses)

Some nouns form the plural irregularly, such as:

cão > cães	(dog/s)
relação > relações	(relationship/s)
mão > mãos	(hand/s)
doutor > doutores	(doctor/s)
canal > canais	(channel/s)
hotel > hotéis	(hotel/s)
lençol > lençóis	(sheet/s)

3. Personal pronouns

In general *tu* is used for **you** when speaking to close friends, relations and children and pets; *o senhor/a senhora* (or *você*) is used in all other cases:

eu	I
tu	you (familiar)
você	you (semi familiar)
o senhor/a senhora	you (polite)
ele/ela	he/she
nós	we
vós	you (familiar)
vocês	you (semi familiar)
os senhores/as senhoras	you (polite)
eles/elas	they

4. Possessive pronouns

These correspond to the object they modify:

o meu/a minha	(my)	*o meu amigo* (my friend)
os meus/as minhas	(my)	*os meus amigos* (my friends)
o teu/a tua	(your)	*o teu irmão* (your brother)
os teus/as tuas	(your)	*os teus irmãos* (your brothers)

o seu/a sua	(your/his)	*o seu marido* (your/his/her/her husband)
os seus/as suas	(your)	*os seus filhos* (your/their sons)/their)
dele	(his)	*a casa dele* (his house)
dela	(her)	*o carro dela* (her car)
deles/delas	(their)	*o neto deles/delas* (their grandson)
o nosso/a nossa	(our)	*o nosso cão* (our dog)
os nossos/as nossas	(our)	*os nossos gatos* (our cats)
o vosso/a vossa	(your)	*o vosso pai* (your father)
os vossos/as vossas	(your)	*os vossos tios* (your uncles)

5. Verbs

The most widely used tenses are the present, past and future, and the three main verb groups are those ending in -*ar*, -*er* and -*ir*, e.g.

falar	(to speak)	
eu	(I)	*falo*
tu	(you)	*falas*
ele/ela	(he/she)	*fala*
você	(you)	*fala*
o(a) senhor(a)	(you)	*fala*
nós	(we)	*falamos*
vocês	(you)	*falam*
as senhoras	(they)	*falam*
os senhores	(they)	*falam*
eles/elas	(they)	*falam*

Portuguese has two different verbs of being, **ser** and **estar**, applying to permanent and temporary states respectively.

ser	(to be)
eu sou	(I am)
tu es	(you are)
ele/ela é	(he/she is)
você é	(you are)
o(a) senhor(a) é	(you are)
nós somos	(we are)
vocês são	(you are)
as senhoras são	(they are)
os senhores são	(they are)
eles/elas são	(they are)

e.g. *O meu pai é médico* (My father is a doctor)

estar	(to be)
eu estou	(I am)
tu estás	(you are)
ele/ela está	(he/she is)
você está	(you are)
o(a) senhor(a) está	(you are)
nós estamos	(we are)
vocês estão	(you are)
as senhores estão	(they are)
os senhores estão	(they are)
eles/elas estão	(they are)

e.g. *A comida **está** quente* (The food is hot).

6. Demonstrative pronouns

este/esta	this (describes a noun, e.g. **Este livro** This book)
isto	this (used alone e.g. **O que é isto?** What is this?)
esse/essa	that
aquele/aquela	that (more distant)

7. Negatives

In order to form a negative sentence, **não** is placed before the verb, e.g. **Não falo** (I don't speak).

Other negative forms:

ninguém	nobody
nenhum(a)	none
nem...nem	neither...nor
nada	nothing
nunca	never